新潟大学社会連携・地域貢献フォーラム
「佐渡の魅力――地域活性化に向けての世界遺産運動」

監修 橋本 博文
Hashimoto Hirofumi

佐渡を世界遺産に

新潟日報事業社

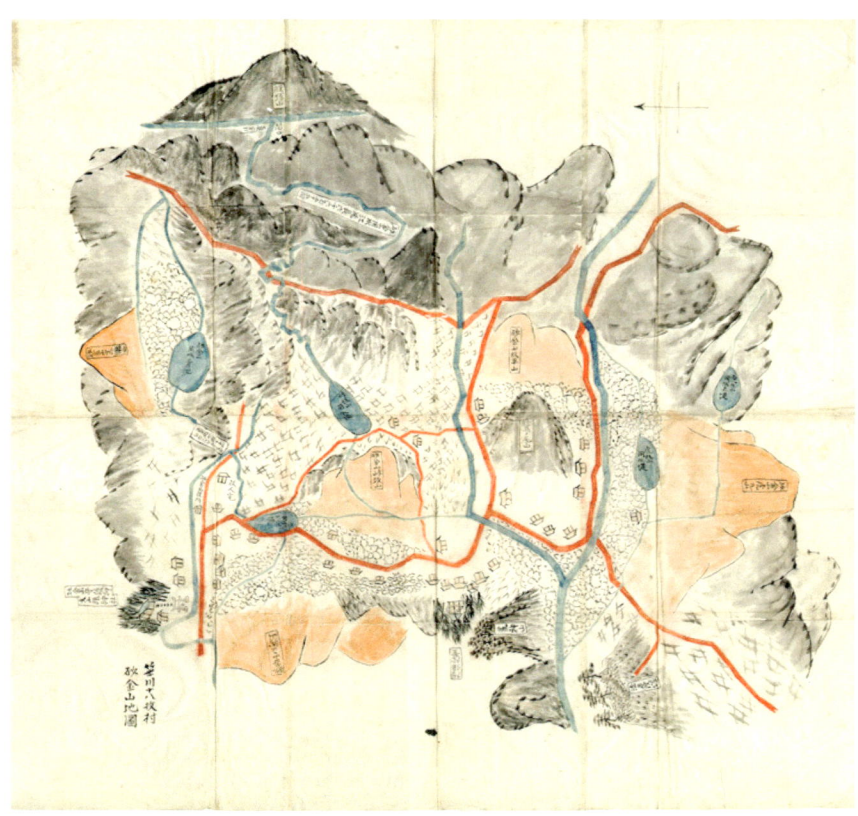

笹川十八枚村 砂金山絵図（西三川砂金山）

歴史 文化 自然 建築 営み

国指定史跡：道遊の割戸遠景（相川金銀山）

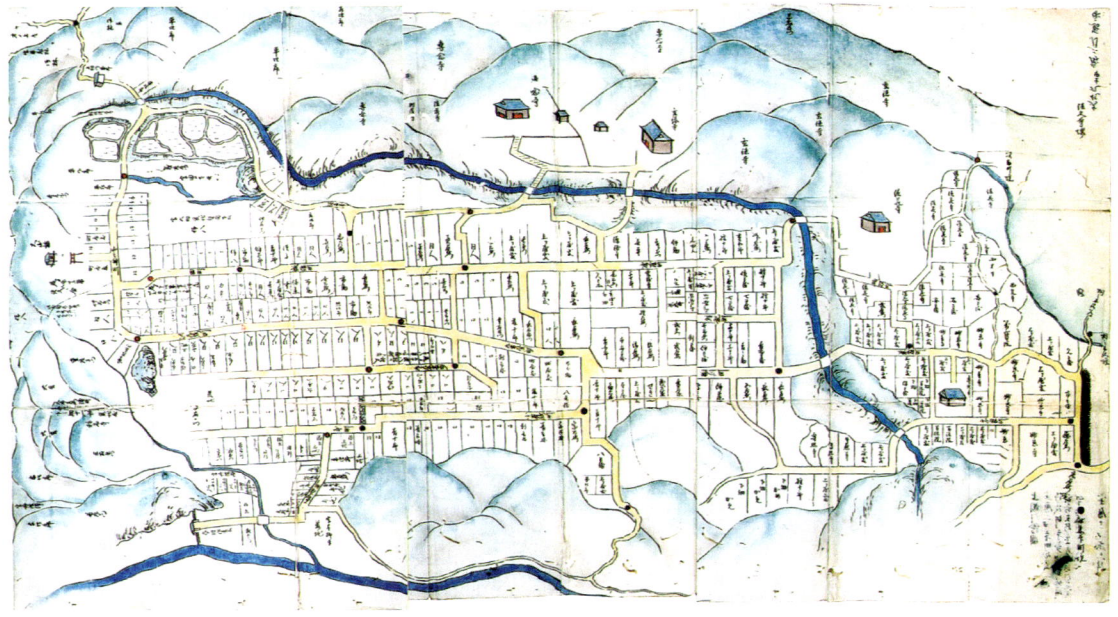
上相川絵図

国指定史跡：佐渡奉行所跡（復元）

国指定史跡：宗太夫間歩入口（相川金銀山）

新穂銀山百枚間歩

国指定名勝：佐渡海府海岸（尖閣湾）

大佐渡の天然杉林（天然杉の大木）

鶴子銀山遠景

虎丸山（西三川砂金山）

金山江（西三川砂金山）

阿弥陀堂内陣（西三川砂金山）

国指定重要文化財：妙宣寺五重塔

国分寺瑠璃堂

清水寺

寺町（相川）

国選定重要伝統的建造物群保存地区：宿根木（世捨小路）　　県指定文化財：木崎神社（小木）

小木（内の澗）

船小屋の景観

やわらぎ（大山祇神社）

鬼太鼓

薪能（牛尾神社）

国指定重要有形民俗文化財：佐渡海府の紡織用具と裂織

間の山地区（石積みアーチ橋）

北沢地区（シックナー）

北沢地区（火力発電所）

国指定史跡：南沢疎水道（相川金銀山）

目　次

佐渡の世界文化遺産登録に向けて
　　　　　　　　　　　　　佐渡市教育委員会文化振興課世界遺産推進室

開催にあたって　　　　　　　　　新潟大学旭町学術資料展示館長　　橋本　博文

開会の挨拶　「佐渡を世界遺産に」　　　　　　新潟大学副学長　　板東　武彦……15

基調講演「佐渡金銀山をめぐって－慶長期相川に住んだ人たち－」　田中　圭一……19

講演「佐渡島－大地の魅力を探る－」　　　　　　　　　　　　　小林　巖雄……35

講演「民俗・芸能からみた佐渡の遺産」　　　　　　　　　　　　池田　哲夫……51

講演「古建築からみた佐渡の遺産－宿根木と相川の町並みと住宅－」黒野　弘靖……69

講演「考古学からみた佐渡の魅力とエコミュージアム構想」　　　橋本　博文……85

講演「世界遺産登録が地域にもたらす影響」　　　　　　　　　　澤村　明…103

シンポジウム「佐渡の魅力－地域活性化に向けての世界遺産運動－」……………119
　　　　パネラー　　元筑波大学　教授　　田中　圭一
　　　　　　　　　　新潟大学　名誉教授　小林　巖雄
　　　　　　　　　　新潟大学　教授　　　池田　哲夫
　　　　　　　　　　新潟大学　准教授　　黒野　弘靖
　　　　　　　　　　新潟大学　教授　　　橋本　博文
　　　　　　　　　　新潟大学　准教授　　澤村　明

　　　　司会　　　　新潟南高校　教諭　　竹田　和夫

あとがき　　　　　　　　　　　　　　　　　　　　　　　　　　　橋本　博文

佐渡の世界文化遺産登録に向けて

　　　　　　　　　　　　　　　佐渡市教育委員会文化振興課世界遺産推進室

　平成16年3月1日、既存の島内10か市町村が合併し佐渡市が誕生しました。歴史は繰り返すと言いますが、佐渡は明治時代以前と同じ行政区に回帰したことになります。

　ところで、市町村合併と同時に佐渡市は教育委員会内に佐渡金銀山室を設置し、世界遺産登録のための施策を開始しました。また、平成18年には世界遺産推進室を設け、更なる世界遺産施策の充実を図ってきました。

　特に平成18年度、文化庁による世界遺産暫定リスト記載資産の公募に対し、佐渡市は新潟県と協同で「金と銀の島、佐渡　－鉱山とその文化－」というコンセプトによる提案書を提出しました。

　その結果、佐渡は継続審議とされ、今回の世界遺産暫定リスト入りは叶いませんでした。しかし、わずか2か月間の準備期間ではあったものの、「佐渡を世界遺産にしよう」という官民一体の機運盛り上がりは、連日の関連報道とも相まって、佐渡の世界遺産運動にとっては大きな飛躍となりました。

　なお、佐渡からの提案は、選定作業を行った世界遺産特別委員会から次の評価を受けました。

　［日本海に浮かぶ佐渡島に所在し、中世末期から近世・近代・現代へと継続した日本最大の金銀山遺跡である。島内には四百年間にわたる金銀の鉱石採掘に関連する遺跡をはじめ、建造物・景観などが良好に保存されており、人類が獲得したすべての鉱山技術の変遷を実見できる希有な資産である。鉱山に関する考古学的遺跡のみならず、近代の採掘に関連する一群の構成資産が良好に遺存するなど、価値は高い。］

　また、課題として次の3点を指摘されました。
① 　主題
　　［金銀山遺跡に関する調査研究を推進し、世界遺産一覧表へ登録推薦している「石見銀山遺跡とその文化的景観」との比較研究が必要。］
② 　資産構成
　　［採掘に携わった人々の生活実態にも注目しつつ、採掘活動の基盤としての起

源を持ち、現在にもその機能が継承されている集落・農地等の土地利用の実態を表す構成資産の選択についても検討が必要。］

③　登録基準の妥当性

　　［提案書に示された登録基準 ii) について、佐渡金銀山遺跡が文物交流において世界に与えた影響の観点からの再考が必要。］

　この課題を要約すると、①日本史的観点からの価値証明、②鉱山から影響を受けた土地利用の在り方の証明、③世界史的観点からの価値証明が必要ということになります。また、このほかに世界遺産は文化財保護法による保護が必須要件でもあることから、コンセプトを構成する資産の国指定文化財化を早急に進めることが必要です。

　これらの課題は、いずれも容易に成せるものではありません。しかし、佐渡は、島の文化や歴史を次の世代に継承する手段として、世界遺産化を選択したのであり、この目標は何があっても達成しなければなりません。

　そのためには、行政主体の調査による資産の価値証明は当然必要ですが、登録後の遺産を保護継承していく主役は市民の皆さんです。したがって、佐渡を世界遺産とするためには、市民と行政が一体となった取り組みを進めていくことが重要であると考えています。

　私たちの郷土である佐渡の歴史と文化は、世界に誇れるものであると自負していますが、島の世界文化遺産化を実現するため今後も登録活動に日夜邁進していく所存です。

2007年 3 月31日

開催にあたって

　旧国立大学は独立法人化後、社会連携・地域貢献を目標の一つに掲げて運営されています。新潟大学も法人化以前から地元の佐渡島には理学部の臨海実験所や農学部の演習林などの施設を擁し、学生の教育や研究活動に活用してきました。また、夏休みなどを利用し、地域の子供たちへの体験学習などにも取り組んできました。さらに、トキ再生プロジェクトにも加わっています。

　新潟大学旭町学術資料展示館（通称：あさひまち展示館）では、2004年2月、佐渡との交換展示会を実現させました。それは、一島一市に移行する前の佐渡全市町村の主要考古資料と相川の裂き織りをあさひまち展示館で展示・紹介し、一方で佐渡島の縄文貝塚出土の古人骨標本をはじめとした新潟大学所蔵人類学・考古学資料を佐渡博物館を会場に一般公開するというものでありました。その試みは厳寒の冬季ではありましたが、来館者の好評を得ました。

　それから3年、佐渡は相変わらずの人口減、高齢化、観光客の減少、航路の廃止や減便など多くの問題に直面しています。そんな中、国の世界遺産登録申請システムが変更になり、転機が訪れました。すなわち、それまで相川の金山だけで取り組んでいた世界遺産登録運動を一島一市に拡大し、さらには県がそれを梃子入れするという構図が出来上がったのです。

　あさひまち展示館では、2006年11月から12月にかけて東京上野にある東京芸術大学大学美術館において開催された、全国国立大学法人博物館等協議会加盟館による「お宝」1品持ち寄り展、『The Wonder Box』で本学図書館佐野文庫所収の『佐渡金山図会』を選んで出品しました。そして、それに添えて絵図中に描かれた坑道内使用の道具を相川郷土博物館からお借りして展示しました。それは地元の世界遺産登録運動に対し、少しでも後押しになればという願いからでした。この度の企画、フォーラム『佐渡を世界遺産に！－佐渡の魅力を語る会－』はその延長線上に連なるものです。

　国では今年度の世界遺産登録暫定リスト入りへの候補を2007年1月中旬に決めるといいます。その決定に当たって地元の盛り上がりも審査の対象にするとのことです。微妙なタイミングではありますが、佐渡島島内での盛り上がりを、対岸の越後側にも伝え、全県的な声に高めたいというのが今回の催しのねらいであります。新潟大学では、佐渡に関連する研究者も少なくなく、基調講演の特別講師としてお招きした近世史の佐渡金銀山研究の第一人者、田中圭一先生も学部時代、本学で学ば

れたと聞きます。その他、本学スタッフが地質学・民俗学・建築学・考古学・文化経済学などの各分野から多角的に佐渡の魅力を訴えたいと思います。それが結果として世界遺産登録運動の弾みとなり、地域活性化に繋がれば幸いであります。

　末筆ながら、その趣旨に賛同され、パネラーをご快諾いただいた各講師はもとより共催・後援に加わっていただいた諸機関に対し、主催者を代表して御礼申し上げます。

　2007年1月14日

新潟大学旭町学術資料展示館長　橋本　博文

佐渡を世界遺産に

●はじめに

　司会　皆様、本日は新潟大学あさひまち学術資料展示館主催のフォーラム『佐渡を世界遺産に』、サブタイトル「佐渡の魅力－地域活性化に向けての世界遺産運動－」にようこそおいでくださいました。

　私、今回の総合司会ということで前半を担当いたします新潟大学人文学部の飯島と申します。

　私、文化財保存新潟県協議会の川上と申しますよろしくお願いします。

　それでは開会に当たりまして主催者側を代表いたしまして、板東武彦新潟大学副学長よりご挨拶申しあげます。

司会者の飯島康夫准教授と川上真紀子氏

●開会の挨拶

　板東副学長　挨拶

　おはようございます。どうも日曜日の寒い中、私どもの会にお出でいただいてありがとうございました。これは「佐渡を世界遺産に！佐渡の魅力を語る会」という会でございまして、主催は新潟大学のあさひまち学術資料展示館でございます。共催は新潟県教育委員会、佐渡市、佐渡市教育委員会、新潟日報社、文化財保存新潟県協議会、それと新潟大学の人文学部等でございます。それから後援を佐渡汽船、NHK新潟放送局、BSN新潟放送からいただいております。

　表日本、裏日本という言い方がございますけれども、江戸時代は日本海側が表日本であったわけでございまして、日本海を通る航海路というものが日本の経済を支えていたわけであります。その要の一つが佐渡でありました。勿論それだけでは

板東武彦副学長

なくて金山銀山がございますし、平安時代からずっと、いろんな都の文化を受け入れてきて、それと地元の文化がミックスして独特の文化を作り上げてきたわけでございます。

　こういうようなことはかなり日本全国で知られてきたわけでありますけれども、世界的にはもう少し知名度を上げたほうがいいのではないかということで、「佐渡を世界遺産に」という運動が活気づいてまいりました。佐渡の金山銀山だけでは石見銀山とぶつかるとか、いろんな事情がございますけれども、そういう金山銀山がそれだけで成り立っていたわけではございませんで、そこに地域の文化があって、そしてそれを支える周辺の経済、或いは江戸時代でいえば日本の経済があったわけですから、かなり大きな背景を持っていたということが出来ると思われます。

　本日はそういうお話を含めて、ぜひ新潟県民として佐渡についてもっとよく知って、自信をもって世界遺産候補のトップだといえるようになりたいという趣旨を踏まえて、この会を開かせていただいたわけでございます。それでは午後の４時まで長丁場でございますけれども、よろしくご清聴賜ればと思います。

　どうも本日はありがとうございます。

●フォーラムのスケジュール説明

　司会　ありがとうございました。これから講演になるわけですけれども、その前にいくつかご案内申し上げます。先ず資料の確認ですが、今回のフォーラム資料ということで、黄緑色の冊子がありますが、その中に田中圭一先生の基調講演の別刷りの資料として、１枚もので大小１枚ずつの地図が入っていると思います。それから午前中の池田哲夫先生の講演の別刷り資料が綴じられたもの

が一つあると思います。それと今回の参加者各位にアンケートをＡ４一枚ものて入っていると思います。これは是非お帰りの際に記入していただいて受付のところで出していただければというふうに思います。それからもう一つ、質問用紙があるかと思いますが、午前と午後というふうに中に切り取り線がありますが、特に個々に質問時間というのは設けませんので、午前中の基調講演と二つの講演についてのご質問がもしある場合には午前の部のほうに書いていただいて、お昼休みに司会のほうで回収しますので前のほうに持ってきていただければと思います。

　それから午後の部につきましては、シンポジウムの前に休憩がございますので、予定では2時半ということですが、そのときの休憩のときに回収いたします。ですから、講演についてのご質問のある方はそれに書いて、それぞれの時間にお持ちいただければと思います。それから休憩が基調講演が終わりまして一回、それからお昼休みに昼食休憩がありまして、そして午後の休憩が一回あるということですのでよろしくお願いします。

　それではお待たせしました。早速基調講演に移りたいと思います。今日は田中圭一先生をお招きして『佐渡金銀山をめぐって－慶長期　相川に住んだ人たち』ということでお話をお願いいたしますが、講演の前にあさひまち学術資料展示館の橋本館長から講師の田中先生のご紹介を申しあげます。

●講師紹介

　橋本館長　主催者側を代表をしまして田中先生の略歴をご紹介いたします。

　田中圭一先生は1931年に新潟県－旧佐渡郡金井町（現在は佐渡市）にお生まれになられました。

橋本博文館長

1953年に新潟大学の人文学部経済学科を卒業なされまして、郷里の佐渡にあります両津高等学校の教諭になられました。のち佐渡高等学校に移られたということであります。1967年に京都大学の国内留学に行かれまして、1976年に新潟県史の編集主任になられています。1987年に『佐渡金銀山の史的研究』という大著によりまして、第九回の角川源義賞を国史部門で受賞されまして文学博士となられていらっしゃいます。

　1988年に筑波大学の歴史人類学系の教授となられまして、1993年に長年の地方史研究における業績に対して新潟日報文化賞を受賞されています。その後1994年に群馬県立女子大学の教授につかれ、1995年に鎌倉女子大を退官されています。2005年になりますが、佐渡金銀山遺跡調査委員会の委員長をお務めになっていらっしゃいます。その他ライバルでありますが、石見銀山の遺跡調査部調査整備委員をお務めになられていますし、文献調査団長として活躍されていらっしゃいます。

　著書は沢山ありますが、先ほどの『佐渡金銀山の史的研究』が非常に有名であります。以下失礼ですが割愛させていただきます。以上であります。

　先生よろしくお願いいたします。

佐渡金銀山をめぐって
－慶長期相川に住んだ人たち－

「上相川絵図」
宝暦2年（1752）作成、文化9年（1812）複製（相川郷土博物館蔵）

佐渡金銀山をめぐって －慶長期相川に住んだ人たち－

元筑波大学教授　田中　圭一

「佐渡金銀山をめぐって」という題で少しばかりお話を申し上げたいと思います。

江戸時代には、「佐渡金山」という呼称はなく銀山というふうにずうっと言われてきました。明治になりましてから政権が変わりまして、金本位制時代となり、この頃では「佐渡金山」という呼称のほうが有名になりましたが、本来は「佐渡銀山」で江戸時代は通してきたわけであります。

〔基調講演〕
田中圭一（たなか　けいいち）
元筑波大学教授
1931年生、日本近世史
新潟大学人文学部経済学科卒業、京都大学文学部へ内地留学
『佐渡金銀山の史的研究』刀水書房、『帳箱の中の江戸時代史』刀水書房

●銀の採掘は明の時代から

この「佐渡銀山」が世の中に現れてまいりますのは1530年代のことであります。当時一つは世界的な問題があるわけですが、中国の明が積極的な外交活動を行ない、そのために足利義満が明との関係をもつことになりました。以来、日本は明政権のもとで、明は盛んにヨーロッパまで出かけるわけでありますが、その間にあって次第に鉱石、とりわけ銀の生産に関心を持ちだし、その影響をわが国が受けるわけであります。

具体的には、1542年に日本から明へ帰った船にたくさんの銀を積んで帰っていくわけで、そのことがきっかけになって、日本銀は世界の銀として頭角を現すことになるわけであります。

●銀の精錬技術

わが国で一番始めに銀の採掘に関わった人は神谷寿禎という男で、博多の商人であります。これは商人でありますけれども、それが1526年に石見大森の銀山を発見しまして、そして1533年に九州

天保年間相川年中行事（石井文海筆）より
大工町の御太鼓と箱馬

－ 21 －

灰吹精錬に関係する絵図（佐渡金銀山絵巻より）

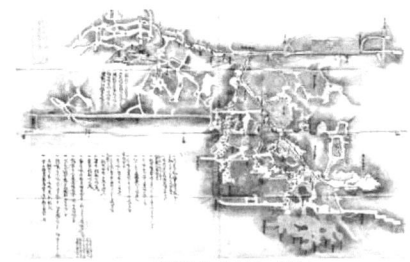

佐州金銀山之内青盤間歩鋪内墨引
（坑道内部の測量図）

の博多の奥にある宗丹鉱山から中国人の慶寿という禅門の坊さんを招いて初めて鉛灰吹法という方法、鉛と一緒に燃やして銀をとるという手法を会得しまして、それが1533年に初めて石見で成功するわけであります。この神谷寿禎という人は、兄が日明貿易商人であったために日明貿易に詳しく、しかもこの博多から出雲の大社、「鷺鉱山」というのがその当時あるのですが、そこに銅を買いに来るような仕事をしておりました。そこでその銅山におりました、三嶋清右衛門という男（この一族は佐渡にも今日残っております）と話をしていて、石見の大森、「仙の山」というところでどうも銀が採れそうだということで、或いはもうすでに採れていたという感じもするのでありますが、それを手にして、33年に今ほどもお話ししましたような中国人、或いは韓国人とも言われておりますが、その慶寿を招いて銀を採ったわけであります。

　佐渡銀山が発見をされるのは、資料の上では1541〜1542年の頃というふうに言われております。それが直接関係するかどうか、或いは直接関係するのであろうと、私は考えておるのですが、1542年には中国船が大量の銀を日本から積み出しているという記録があります。天文11年という年でありますが、そのころから佐渡の銀が世の中に現れるわけであります。

●佐渡銀山の400年の歴史は世界最長

　この佐渡の銀山は、それ以来400年の間銀を掘り続けて昭和30年ころまでやってくるわけであります。そういう点では、これは結論にもなるのですけれども、佐渡の銀山というのは世界の銀山の中で最も長い歴史を持っている鉱山の一つであります。大体、日本という国はそういう鉱山の歴

史の非常に長い国でありまして、或いは日本の産業自身が良かれ悪しかれ、非常に長い歴史を持って今日に至っているということは皆さんご承知の通りでありまして、そういう運動をになった一つの鉱山であります。

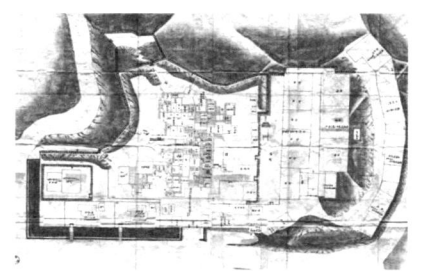

文久二戌年四月証　佐渡奉行所絵図

　この鉱山には、プリントにしてありますように、沢山の鉱区があります。ここで図面の説明をすることは止めますけれども、お配りしました小さい紙には相川の図面が書かれております。これをちょっとご覧下さい。これは面白い図面で、相川というと私どもは今図面の一番下のところを相川と呼んでおるわけでありますが、実は相川の鉱山というのは、そんなところにあるのではないのです。ずうっと山奥、右側の上のほうに家の印がついている、そこに相川という町が出来たのであります。今そこへ行くには、最近整備をされたというので少し行きやすくはなりましたけれども、それはとても歩いては行けない距離であります。そこは「上相川」と呼ばれて、今は人家も何もない藪の中でありますけれども、かつて400年前にはその上相川という場所が鉱山町の始めでした。

　もう１枚大きい図面のほうは、その鉱山の鉱区を全部書いたものであります。その一番下の場所は、今の相川に行きますと、ゴールデン佐渡という三菱のつくった施設がありますが、そこから上の山であります。ですから相川という町は本来は今私どもがいう相川ではなくて、もっと山奥のほうに鉱山集落があったことになります。

　今せっかく図面を開いていただいたのですから、申しあげておきますが、今私どもが相川に参りますと、「道遊の割戸」といっている山を割った格好の場所があります。それが実は大きい図面の真ん中辺りに「青柳の割戸」という名前で載っております。私どもは今、「道遊の割戸」といってお

昭和20年ころの道遊の割戸

— 23 —

りますが、江戸時代には「道遊の割戸」という言葉は無いのであります。これは明治につけたので、昔は「青柳の割戸」、「われと」と今はルビを振っておりますが昔は「わりと」というふうに呼んだのであります。どちらが正しいかということは私の論ずるところではありませんが、そういう場所に「青柳の割戸」というところがありました。

この相川に今の佐渡奉行所が首府として出来るのは慶長8年、大久保長安の時でありました。大久保長安はそこに奉行所を建てるために山崎宗清に500両を払ってその土地を求めたというふうにいわれております。それが佐渡奉行所の場所ということになります。

鉱山の場所はそのプリントに入れておきましたが、わりあい古い時代から鶴子（つる）の屏風沢というところがございます。これは今の相川とは程遠い旧佐和田町の沢根というところの奥山であります。そこから次に「間山」、「六十枚」というような番所の名前がそこに挙げられております。「六十枚」というのは運上銀（政府に差し出す送り出した銀）の枚数であります。1枚が銀43匁、それを60枚分、それを1年間に納めたということで「六十枚」という名前が付きます。こういう「枚」が使われるのは「鶴子百枚」というようなのがあったり、或いは西三川にも「十八枚村」というのがあるように、枚数で表された鉱山があるのですが、これはうんと古い江戸時代以前の運上枚数で表した鉱山の名称であります。運上銀の総額が60枚といえばたいしたことはなさそうでありますけれども、当時としては大きい数であったに違いありません。

大正時代の鶴子坑

鶴子銀山に残る間歩跡

●米の消費量でわかる鉱山労働者数

この鉱山には古い資料が残っておりまして、非

常にしっかりしているのは慶長10年、11年、12年、13年、14年までの5年間分の発掘した鉱石の量を示した帳面が残っておるのであります。わが国の鉱山で産出額をきちんと記録した古い帳面はこれ以外はないのであります。私どもは今相川のことをいう場合に、大雑把な数字をあげますが、これは明治のころに郷土愛に燃えた人たちがおりまして、若干話をオーバーにしたものであります。古い書物には相川の人口は30万とも書いてありますし、20万と書いてあるものもあるし、10万と書いたのもあります。どれが本当かと、これはいじってみてもしょうがないのでありますが、実際に米を食べた量を見ますと大体4万人くらいがいいところであります。石見銀山なんかも最近だんだん大きくなりまして、石見銀山は日本最大の鉱山で人口は20万もあったと書いてありますけれども、実際には2万を超えなかったことは確かであります。

　佐渡銀山は江戸時代の初め、慶長5、6年のころにたくさん銀を出しておりまして、幕府への運上銀が15,000貫であります。石見の場合には3,600貫が最高でありますから、それはもう石見と比べても佐渡は遜色が無い、佐渡のほうがはるかに大きいわけであります。石見銀山を見に行くとお分かりになるのですが、佐渡銀山と石見銀山を比べると、それはもう佐渡銀山のほうがはるかに大きい規模を誇るものであります。現在では世界中歩いてみたところ南米ボリビアのポトシという大きい鉱山、今でも標高1,500メートル位のところを掘っているのですが、5,000メートルのところから1,500メートルのところまで下りてきております。従業員が3,000人くらい使われているようでありますが、佐渡銀山はその鉱山に次ぐ大きさの鉱山であります。ボリビアのポトシという鉱山が1550

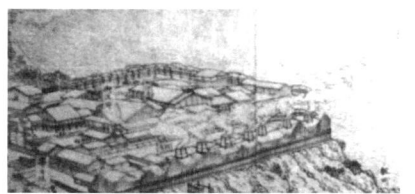

相川町及び陣屋の図

ボリビアのポトシより

年代からでありますから、それから見ると佐渡の方が10年か20年古い感じがいたします。

ボリビアの鉱山というのはとっても行きにくいところで、とにかく今でも、ボリビアの首都ラパスという町へ飛行機で降りて、そこからもう一辺飛行機に乗りなおしてポトシまで行かなければなりません。

ホテルに泊まりましても、鉱山の場所が大体標高5,100メートル位のところにあるものですから、我々は日常でも酸素ボンベの付いたものを載せていかないと駄目であります。あと一つ不便なのは、あの国では女性は便器を持っていかなくてもいいが、男性は必ず便器を備えていかなければならない。不都合だと思うのですが、私どもは世の中が全部便所だと思っているのでありますから、やたらと困るのであります。男性は便器の無いところで小便することが出来ないのであります。

●金1に対して銀20の割合

そういうひどいところに町があって、今も3,000人ほどの人たちがその鉱山で生活をしております。それと比べますと日本の鉱山は稼いでいる時期は非常に長いのでありますけれども、実際には栄枯盛衰が激しくて死にかかったような顔をして400年間続いたという特徴があります。これは、アメリカなんかですと鉱山は10年か15年掘れば皆捨てたりしてしまうわけでありますが、そういう点が日本人とアメリカ人などのものの考えようがひどく違うのだなあということを感じるわけであります。この鉱山からどれ位の銀が出たかということでありますが、大体銀と金の比率は金1に対して銀が20位でありますから、圧倒的に銀の生産量が多いわけであります。しかも江戸時代は世界中が銀本位国で、お金の価値は銀で計算をしまし

たから、非常に大きい鉱山であったわけです。金は微量でして、そういう銀本位国時代にあっては、銀がはるかに大きい役割を占めておったわけであります。

ですから日本の銀銭、或いは銅銭は世界中、ヨーロッパにまで行き渡っておりますけれども、日本の金貨は明治にしばらく作ったり流通したりさせますけれども、実際には大したものではなかったわけであります。

この佐渡金銀山は、天文11年ごろ日本からポルトガル船や何かが銀を大量に中国に向けて積み出したころにここが開かれまして、以来慶長期を頂点にその繁栄が続くわけであります。どこからやってきた人たちがこの鉱山を経営したかということは、先ほどお話した帳面に出ているのであります。この帳面はすでにもう30年も前に相川町が発刊した『佐渡相川の歴史―資料集三』に掲載されておるので、山主の名前や掘り出された鉱石の荷数を一区画ずつ読み取ることは今日でも可能なわけであります。

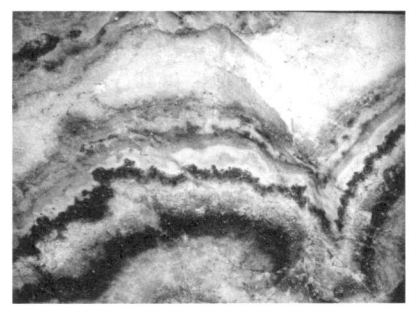
相川郷土博物館所蔵　金鉱石断面

●採掘記録が残っている

鉱石は掘り取るというと、それを5貫目という目方がありますが、5貫目ずつ叺(かます)に入れられてそれを積み上げて札をつけます。5貫目の鉱石でどれ位の銀が採れるかというと、記録は何千箇所と出てくるわけですが、その箇所で一番たくさん出たのは銀鉱石5貫目から700匁台という銀が出ております。これは未曾有の景気の良さだといっておりますが、一番低いのは大体5貫目の銀鉱石から銀25匁、それより以下は記録されておりません。それより以下はそれを出しても利益にはならないからだというふうに私は考えております。

ですから大体5貫目の銀鉱石、鏈(くさり)と呼ぶのです

― 27 ―

が、大体25匁以上が採算にあうということで、それを叺に詰めて背負い上げて、或いは背負い下ろしてまいります。初めのころは随分高いところの場所が盛んでありまして、いま「道遊の割戸」と皆さんがおっしゃる場所はもう慶長の初めくらいまでは地上を掘って進んでおります。地下をうんと深く掘る。今は地下700メートル位のところまでいっておるわけでありますけれども、そのようになりだすのは江戸時代になってからということになるわけであります。

5貫目を1荷という単位で呼びますが、5貫目で大体50匁以上の銀が採れるというようなことを採算の基準にしておりますので、帳簿を見ますとそこから出ている銀が5貫目に対して何匁とれるかということが書いてありますので、どういう事情でそれが推移をするかということは、今記録を見ればそれを勘定し出すことができます。

そこへやって来た人たちは実は佐渡の人はあまりいないのであります。他所の国から稼ぎに来た人たちが多いのであります。そのなかで、例えばプリントの下の方に「黒瀬徳右衛門」という人が書いてありますが、この黒瀬というのは、いまも佐渡には1、2軒残っておりますが、これは岡山県から来た鉱山の山主（採掘責任者）の氏名でありまして、岡山へ行きますと今も黒瀬という名字を持つ人たちがたくさんいらっしゃいます。昔その黒瀬の一族の中から、ここにやって来た人たちがいたに違いないのであります。

今はおりませんけれども、昔この佐渡の国へやって来た人たちを見ますと、いろいろな国の人たちが結構多いのであります。例えば明治まで上相川には「藤間（とうま）」という、これは出雲の大社の大きい鉄山師でありますが、今も石見の「宅野」というところにその一族が住んでおりますけれど

道遊の割戸

も、この藤間氏というのが江戸時代の佐渡のお寺の資料にたくさん出て参ります。明治のころまで藤間氏が住んでいたという記事があるのですけれども、大正・昭和になってからはこの氏は消えてしまっております。

　このように、いろんな人たちが名前を残しておりまして、そこにちらほらと書いてありますが、土地の名前をつけた「伏見」さんとか、あるいは「矢田」さんとかというような人たちがおりますし、更に佐渡には今日でもその鉱山に関わったと伝えている家が、例えば「川上」という苗字がおりますが、この人たちなどは江戸時代になって出雲日野川の上流から来て、鉱山に関わる仕事をしたということを言い伝えておるのであります。

相川南沢町　浄土宗広源寺「過去帳」
上相川　藤間三右衛門の名が載る

●石見銀山の影響跡も

　その相川に住んでいた人たちの話をしておきたいと思うのでありますが、私は島根県へ石見銀山の仕事で行きます時に、いつも石見銀山のすぐ下に「温泉津(ゆのつ)」という町があるのですが、そこに私はいつも逗留しておるのでありますけれども、そこの伊藤さんというお宅が温泉津の温泉場を持っている家でありまして、その「長命館」という宿に泊まっておりましたら、ご主人から、実はその家の四代目の伊藤休意という男が佐渡に行ったという言い伝えが残っているということを聞きました。この家は珍しい家でして、江戸時代前からの資料を今日まで全部残しておるのです。一万点を超える資料を蔵の中にほっぽり込んであるのですが、そこの家の主が慶長の終わりに、この家から出奔しまして佐渡に行ってそこで死んだことになっております。

　その話を聞いて、そういうこともあるかなというふうに思っておりました。じつは同じような家

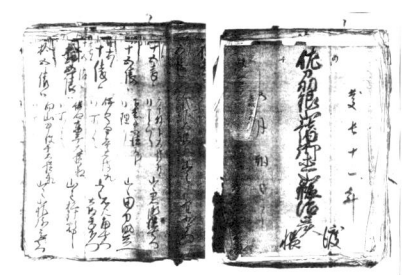

慶長11年「佐州銀山諸御直山鍛冶炭渡帳」（川上家文書）山主山根弥惣右衛門の名がみえる

柄を伝える家がありまして、温泉津のすぐそばに、鉱山のすぐ下にある村に「山根」という家があるのです。そこの「山根弥惣右衛門」という男が相川の鉱山で鉱石を掘っている記録があるのであります。これがその当時温泉津におりまして、毛利氏に滅ぼされた山根さんという、当時は山根さんとは言わないで、温泉（ゆ）氏という豪族がいるのですが、それが慶長9年のころ佐渡に流れて来て鉱山で働いているのであります。それが佐渡へ来て「山根弥惣右衛門」という名前で江戸時代をすごしているわけであります。

私はここ1、2年佐渡の相川の町のお寺の資料を集めてまいりまして、そいつを片っ端から整理をしているのであります。沢山の方のお世話になってそれを調べておりましたところ、じつはその温泉津の休意が相川の「大超寺」というお寺、いまは「大安寺」というお寺に合併されているのですが、そこのお寺へ自分の亡くなったお母さんとお父さんの名前を知らせ、そこで法要を営んでいた記事に昨年出くわしました。長命館のご主人は大変喜んで佐渡までやって来てお寺さんを頼んで法要をしてもらったことを今覚えているのであります。じつは慶長19年に父親と母親が亡くなっておるのでありますが、その慶長19年から2、3年後に佐渡へやって来たその休意という人が相川の大超寺というお寺、これは丹波のさるお寺からやって来た人でありますが、そこを訪ねていって、そこのお寺へ自分の父と母の命日を知らせて佐渡で法要を営んでいるのであります。元和の頃であります。今頃、それから何百年もたってからその子孫と出会うということは、それは世にも珍しい事柄なのだと私は思うのでありますが、そういう資料を最近見ることができました。

そうして見ますと、石見の銀山の影響がそのま

大安寺

ま佐渡に伝わって、佐渡のお寺の過去帳の記録に残っていることを知り得たわけであります。先ほどの温泉津で毛利氏に滅ぼされた温泉氏の子孫が、温泉氏の何某という人の墓は慶長の墓ですが、その温泉津にあるにもかかわらず、その子孫は元の山根という名字で佐渡へ来て、そしてその「山根」という名前で佐渡で生活をして、そこで果てているわけであります。

　そんなふうに見ますと、佐渡銀山は、佐渡銀山一つで成り立っているわけではなくて、石見との関係を持つようになっていることを知らせてくれるわけであります。私は昔、日本の統一というのを学校で習った時に、織田信長が出てきて世の中乱れているのはよくないというので、日本を統一したというようなことを習ったのですけれども、日本が統一されたということは、日本中へ人が行き及んでいく、日本の人たちが同じ言語を使うようになり各地へ出ていくことが統一なのではなかろうかというふうに思うわけであります。

　そうしてみると佐渡銀山一つをとってみても、実はそこに働いた人たちは、石見の伝統を今日まで佐渡に伝えたその片割れだろうというふうに思うわけであります。私は鉱山の歴史をそういう格好で一つ一つ解きほぐしながら、実は日本の鉱山というものは単に佐渡なら佐渡一つで出来上がっているのではないということを実感しております。相川の鉱山町の一番上のところには福島県の人たちがやって来て作った会津町だということを記したものがあるのであります。福島ごときからどうしてこんなところへと思うわけですけれども、しかし、調べてみるとそれはじつは上杉景勝のころには越後の六日町の奥に「上田銀山」というのがあるのですが、そこから福島県にかけて広い鉱山を上杉氏が持っているわけなんで、その上

杉氏は京都へその銀を持っていって京都の貴族にそれを献金して、いろんな位をもらったということが資料に見えます。

ですから、私どもは越後と佐渡とは全然違う国だというふうに思っていますし、言語も違いますけれども、じつは上杉謙信、景勝のころには上田銀山から上田衆という人たちが盛んに佐渡へ乗り込んできて、そこで鉱山活動を営んでいる。例えばその連中が使っている、そしてそれは佐渡で明治・大正も使われるのですが、鉱山を掘る時に石を挟んで打つ「上田箸」という、そういう器具を使っております。それは上田からやって来た連中がその上田箸というものを使って鉱石を掘る時に手でつかまないでそれでつかむというと、響きが少ないものですから上田箸というものを使ったということを今日まで伝えるものなのだそうであります。そのことを私どもはあまり知りませんけれども、そういうつながり合いがあって今日の鉱山が400年続いてきたものだというふうに思うわけであります。

●遺産を守る努力、江戸時代　最大の銀山

平成元年3月以後、この鉱山は活動を全部停止をいたしました。これからはこの銀山は生きた銀山として姿を残すことはありません。私がポトシの町に行って感じたことでありますが、その当時のポトシの町を経営した人たちの家は皆世界からやってくる旅行者の旅館にしてありまして、お金を払わないと便所にも入れないという厳しさでありますけれども、そうやって世界のポトシの遺産をボリビアの人たちは守っているわけであります。それを見ると、佐渡鉱山は言うなれば日本を代表する、あるいは江戸時代における世界最大の銀鉱山でありますから、今日その使命を終えたら

坑道内での金鉱石掘削具
（相川郷土博物館より）

これからどうするかということが重要だと思います。その持っている昔の技術、明治の技術、アメリカ製の発電機まで今ちゃんと、三菱は戦後の混乱の鉄の不足する時代でも、それを譲らないで今日に持ち伝えてきたわけであります。それは私どものように口先だけで言うのと違って、三菱はその溶かして使えば使える機械をそのままにして残してあるわけですから、凄い力だなあというふうに思うのであります。

日本人は割合い新しいものに興味を持ちますけれども、それまで自分たちがやってきたものには割合い興味を示さないという点があると思うのです。それは日本人の持っている一つの弱点かなというふうに思うのです。じつは私どもが持ち伝えてきたものというのは、長い生命を伝えて今日まで来たわけであります。今日その役割はすっかり果たさなくなっているわけですけれども、今日それを使って、その地名や道具を使って過去の我々が歩んできた道筋を照らすものだというふうに思うのであります。

そういう点で私どもがこれからやるべきことは、金山銀山の保全、その利用、こういうものは私ども後輩に残された大きい義務ではなかろうかというふうに私は思うのであります。その時々の文化、これから先生方からいろいろお話があるようでありますが、物も含めてそういう民俗文化というものを、将来の我々の民族のために残していくということが、私どもの一つの大きい使命ではないかというふうに考えるわけであります。

長いとりとめも無いお話をいたしましたが、この400年間続いて今消え去ろうとしている鉱山を、世界の遺産にして残していくことに何らかの役割を果たせたら幸いであります。皆さんのご協力をお願い申し上げまして話を終わりたいと思います。

近代化遺産・明治期の火力発電所跡

佐渡金銀山

> 当日配付のレジュメより

佐渡金銀山をめぐって―慶長期相川に住んだ人たち―

元筑波大学教授　田中　圭一

１．慶長10～14年の相川銀山

鶴子屏風沢（つるしびょうぶさわ）

　　宗徳間歩　―　大横相

　　江戸横相　―　江戸勝右衛門

　　大横相　　　大津市右衛門

　　内山加賀四兵衛横相　　加賀四兵衛

　　内山八郎左衛門間歩　　味方孫太夫　・　靏（敦）賀七介

　　　　　　　　　　　　　靏（敦）賀弥兵衛　・　関原主兵衛

　　屏風沢大横相　　　　上田久二

間ノ山（あいのやま）

　　わき上がり間歩　―　伏見善左衛門

　　中尾大水貫　　―　１荷に280匁、10日に5000荷

　　わり間歩　　　―　１荷に200匁～370匁、10日に1600荷

六十枚（ろくじゅうまい）

　　六十枚の下黒瀬徳右衛門間歩　―　黒瀬徳右衛門

　　右ノ沢御公方山　―　矢田甚吾にわたし

　　大横相　―　・江戸外記にわたし　　・関原主兵衛にわたし　　・矢田甚吾にわたし

　　右ノ沢横相わき上り　関原主兵衛

ケ代（気絶）（けだい）

　　ケ代の下大横相　―　佐野勝右衛門　　１荷に50匁、10日に5000荷

２．相川大超寺の記録

開山栄誉上人。

丹波国出石の産。

慶長元年　上相川に専念寺を建立。

弟子に跡を譲り慶長３年大超寺を建立す。

寛永17年没す。

　大超寺過去帳に「慶長十九年五月十日　岩見休意母　　欣誉浄可　岩見休意父」とある。
　島根県温泉津の伊藤昇助家過去帳には　休意の父　惣兵衛（伊藤家第４代）は「慶長十九年没」とある。

佐 渡 島

－大地の魅力を探る－

金銀鉱石

佐渡島－大地の魅力を探る－

新潟大学名誉教授　小林　巖雄

　このたび、佐渡の地質について話をする機会を与えていただき、佐渡金山、佐渡を世界の人々の大切な遺産とするという運動に加わることが出来ることをうれしく思います。短い話題提供なので、2,000万年間に及ぶ歴史の話をすることはたいへんです。私は佐渡を歩き始めて30年以上になります。その中で非常に魅せられたものがたくさんありました。度々、佐渡を訪れましたけれども、その一端を紹介させていただきます。なお、今回は一緒に山を歩いて参りました渡辺剛忠佐渡市教育長さんの未公開水彩画を提供していただきました。佐渡の自然に大変関心を持たれ、魅せられたのだろうと思いますが、是非後世に残したいということで創作中と、うかがっております。

　佐渡島の生い立ちを知りたいということで、佐渡をだいぶ歩きました。私の先輩であります島津光夫さんが今日来られておりますので、何か話をしていただきたいと思っております。このタイトルの画（図1）は渡辺さんが描かれたものの一つで、佐渡金山道遊の割戸です。

　佐渡金山を世界遺産にしようということなので、今日は大地の魅力の宝を探るというテーマを念頭に話を進めさせていただきます。大地の魅力ある宝ですが、私の宝は島民の宝であって欲しいし、それから島民の宝は県民の宝であって欲しいし、また県民の宝は日本人の宝にしてほしいし、ちょっと欲張りですが、日本人の宝は世界の人々の宝であってほしいということで考えております。

小林巖雄（こばやし　いわお）
新潟大学名誉教授
1936年、地質学
東京教育大学理学研究科地質学鉱物学専攻博士課程修了（博士）
東京教育大学理学博士学位授与
新生代の生層序と二枚貝類の分類と進化および貝殻の微細構造とほ乳類動物の研究
『海洋生物の石灰化と硬組織』和田浩爾・小林巖雄　東海大学出版会
『化石の研究法』化石研究会編（代表　小林巖雄）共立出版

図1　講演のタイトル
　画は渡辺剛忠氏によって描かれた佐渡金山の道遊の割戸です。

●歴史は世界一、産出量は日本一

さて最初に佐渡金山の話になるのですが、この点は私の専門でもないので、間違いもあるかもしれません。いま田中先生のお話ですと、約400年間続いた佐渡金山は、さらに70年古く、その存在は江戸時代の前から知られていたことになります。非常に長い歴史のある鉱山で、世界一ではないでしょうか。それから産出量も、日本一でした。徳川時代には幕府の所有する金銀の山となり、その後は金銀鉱山として操業されてきました。この間の総産出量は金が77トン、銀が2,300トン、銅が5,400トンになることが、論文に書かれています。

さて、この金とか銀がどこに、どのような形をして含まれているのでしょうか。指輪とネックレスなど、貴金属の製品になった金銀はわかりますが、自然に生じた金や銀を見る機会は少ないと思います。

鉱石に含まれる金銀は、貴金属の製品のようには肉眼で識別できないでしょう。この岩石（図2）は金銀を含む鉱石ですが、全体が白く見えます。これは主に石英でできているので、白い石になります。この中に黒い筋が見られますが、それは銀黒と呼ばれている部分です。その部分に銀や金を含む小さい鉱物になって入っているのだそうです。この石にはたくさんの金銀が含まれていると聞きました。このような石はいつも見られることはなくて、崖下に落ちている石は錆びたような石としてしか見えないし、どこに金があるのかなと思うような石です。しかし、この石の中の銀黒の部分には金、銀、銅が硫黄と結合して硫化鉱物などとして濃集しています。

金銀を含む石英の石（金銀の鉱石）が実際に野外でどのような状態で見られるのでしょうか。こ

図2　金銀の鉱石（相川郷土博物館所蔵）
　黒い筋が金銀を含む場所で、周囲の白色部分は石英です。

図3　岩脈
　玄武岩の岩脈が玄武岩の角礫岩層に入り込んでいる。小木半島沢崎の海食崖。

の石英の石は石英の脈を形成しています。地質屋さんはこの脈という言葉を使いますけれども、これは溶けているマグマや様々な成分を溶かし込んだ熱水が溶岩とか火砕岩類の割れ目に入って固まるとでき、脈（図3）とか岩脈といいます。このように、金銀を高濃度に含む熱水が割れ目の中で冷えて固まると、金銀を含む石英の脈がつくられます。この岩脈の規模が大きければ、金銀鉱石として産出されます。これ（図4）は相川の千畳敷海岸に露出する火山岩で、佐渡金山の石英脈を含む火山岩と同じものです。この写真は非常に細い石英脈です。佐渡の金山・銀山には非常に大きな脈が集中していました。

図4　石英脈
細い石英脈が安山岩溶岩に入っている。相川の千畳敷。

●鉱脈は紐状でなく板状

岩石に割れ目ができ、そこにいろいろな物質を含む熱水が入り込んできて、その中で多量な石英とともに冷えて固まると、このような形の脈（図5）ができます。この図は佐渡鉱山の鉱脈の模式的な絵と思います。縦横にのびる板状やひも状の脈が描かれています。

佐渡金山では、過去に採掘された脈が幾つもあります。タイトルで見ていただいたのは道遊の割戸にあった道遊脈です。それから1番大きい脈が青盤脈（あおばんみゃく）です。差し上げたプリント（図6）に書かれています。青盤脈は長さが2,100メートル、縦の方向と思うのですが、約500メートル、平均の脈幅が6メートルと、巨大なものです。そのなかに金と銀が1対20位の割合で入っていました。

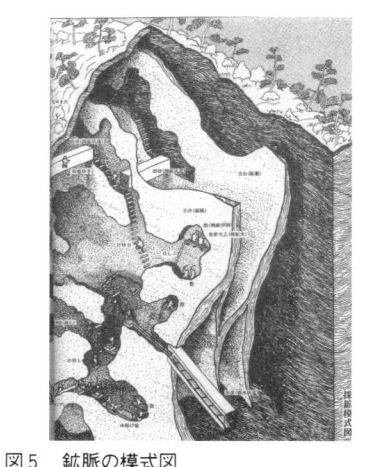

図5　鉱脈の模式図
（「図説佐渡金山」、(株)TEM研究所著、p.36、発行所ゴールデン佐渡、1985）

●金は1トン当たり6グラム

青盤脈での金の含有量は、鉱石1トンあたりで平均6グラムの金が入っていました。この値は一般に岩石中に含まれる金の含有量の6,000から

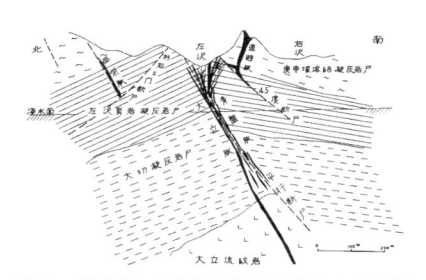

図6　道遊脈・青盤脈を切る南北方向の地質断面図（坂井・大場、1977）
（講演時の図をとりかえました）

— 39 —

図7　道遊の割戸と青盤脈の岩壁

10,000倍に当たるのだそうです。

　この写真（図7）は佐渡金山の駐車場に行きますと、見られる風景です。右手が道遊の割戸で、手前の崖が青盤脈の跡です。小さく掘られた穴が見えます。

●佐渡金山の金銀鉱床が何時どこでどのようにして出来たのか

　石英脈の中にできる金銀鉱石の鉱物としては、いろいろな種類が多くあります。硫化鉱物なのですが、輝銀鉱は学生の頃習って覚えていますし、金銀を含むベッツ鉱もあります。これらが何時頃形成されたのかというと、2,200万年前から2,000万年前頃です。この時代に火山岩の中に脈としてつくられました。地質時代は新第三紀中新世前期でした。この時代には日本列島はまだなく、大陸の東縁でした。この東縁で佐渡金山をもたらした火山活動が活発に起こりました。

　ここで、佐渡の金山をつくった鉱床がどのようにして出来たのかをまとめてみます。鉱床は熱水鉱床といわれています。この鉱床がつくられる過程は、第1に、海水とか、雨水が地下に深くしみ込みます。火山活動が起きた場所では、地下深部からマグマが上昇しました。地下水は地下の温度の高いところで熱せられて、高温になりました。周囲の岩石の中に含まれる物質やマグマの中の物質がこの熱水に融け出しました。その後、地下水は割れ目に沿って上昇し、周りの地層の温度が下がると、そこで冷えて固まり、鉱脈が出来ました。

　日本では金と銀、あるいはそれ以外のものも含むかもしれませんが、規模はともかくとして、多くの鉱山が分布しています。学生の頃は伊豆半島の金山にでかけたことがあります。佐渡金山の鉱床が成立しましたのは、2,200万年前から2,000万

年前の火山活動が非常に激しく起きた時代でした。この火山活動は日本海側や本州中央部、九州・北海道にも拡がり、グリーンタフ（緑色凝灰岩の意味）火山活動と呼ばれていますし、分布する地域をグリーンタフ地域といいます。この火山活動の産物である火山岩類は佐渡に広く分布しています。緑色、濃緑色をした岩石で、流紋岩、安山岩、デイサイト、玄武岩やそれらの火山砕屑岩です。これらは大佐渡や小佐渡の山地に広く分布します。

●海岸景観の素晴らしさは大昔の岩石

　今、話しましたグリーンタフ火山活動の産物である火山岩類が大佐渡、小佐渡に非常に拡がり、海岸の多くは火山岩を見ることができる岩石海岸です。とくに、外海府では海や海岸が凄くきれいで、素晴らしい海岸景観をしていると思います。この海岸をつくる岩石の古さを話します。この写真（図8）は北鵜島のトンネルで、北の方をのぞきますと、約2億年前の中生代の地層がみられます。この地層は頁岩とそれに含まれる2億7,000万年前の化石を含む石灰岩の岩塊からなります。この地層は佐渡で一番古い時代のものです。また、このトンネルは閃緑岩を掘り抜いています。閃緑岩は約9,000万年前に地下深くでマグマから固まり、現在地表に露出しています。このような古い岩石が佐渡の景観の素晴らしさをつくっていると思います。

　さて、もう少し南に下がると、海府大橋があります。橋の上から覗くと足が震えてくるような高さですが、この周りの絶壁をつくる岩石は約2,000万年前の火山岩で、デイサイトと呼んでいる石です。これらの火山岩類は海底ではなくて陸上で噴出したという証拠が挙げられております。これは

図8　北鵜島のトンネルから北側の海岸を望む

図9 尖閣湾の海岸絶壁
　画は渡辺剛忠氏によって描かれました。

図10 温帯の気候を示す関の木の葉石
　木の葉石はセキニレです。佐渡市関の真更川層の珪質泥岩から産出しました。

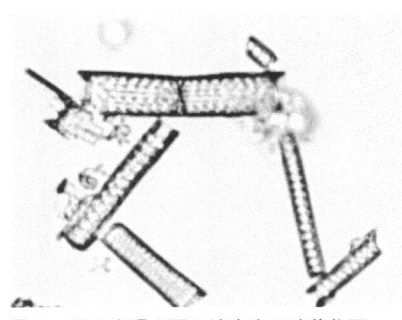

図11 湖の出現を語る淡水生の珪藻化石
　オウラコセイラ

陸上火山でした。

　また、北の方に戻りますが、二つ亀とか大野亀は黒色の粗粒玄武岩という火山岩でできた小島や岬です。観光地として有名な尖閣湾の海岸絶壁（図9）は流紋岩という灰白色の溶岩でつくられ、風化や荒波によって削られたゴツゴツした岩肌が造形に一役かっています。

　火山活動が非常に盛んな時代なのですが、旧相川町関には火山に囲まれた湖がありました。ここは、木の葉石が産出し、外国でも明治時代から知られていました。写真（図10）はセキニレと命名された化石で、関から産出したニレ科の樹木です。植物化石は薄くはげる珪藻土の中に保存されています。その中の珪藻（図11）は淡水生で、この地層が湖に溜まったことがわかりました。これも約2,000万年前の化石です。

　鯉科の化石も見つかっています。昆虫化石は森林に生息する虫が多く、カメムシの化石がでてきました。ご存じの匂いの凄いカメムシの先祖様になります。

　この頃の時代（中新世前期、約2,400万年から1,700万年前）はまだ大陸の一部であると考えられてきました。日本海の誕生以前の話です。

　このあと、日本海が誕生することになりますが、その発生の様子、原因については大きく二つの考え方があります。一つは大陸の縁のところから分裂した小島が東へと移動して、日本列島になったのではないかという考え方（日本海の裂開説）と、現在の日本海の地域が隆起して、さらに陥没するという考え方（日本海の陥没説）です。

●化石と地層が語る日本海

　ここからは、昔の日本海がいつ誕生し、どのような海の歴史をたどったかについて話を進めま

す。それはたくさんの島々が浮かぶ日本海であったかもしれません。日本海の誕生の様子を知ることができる約1,650万年前の地層や化石を佐渡で見ることができます。海は太平洋側から侵入しました。

　日本海の誕生の様子を良く観察することができるのは、旧相川町の平根崎海岸です。この海岸には国指定天然記念物の海蝕甌穴（かいしょくおうけつ）があります。この出来方は、海が荒れると、小石が穴の中でいきよいよく回転し、周りの岩を削り、穴が大きくなります。

　平根崎に行きますと、厚さ約30メートルの地層が崖をつくり、その下から上に向かって砂礫岩層、砂岩層、石灰質な砂礫岩層などが積み重なるのがみられます（図12）。この地層は下戸層と呼ばれます。これは下のほうが早く積もり、より古い時代につくられ、上のほうがより新しい時代に積もったことになります。地層を良く見ますと、下部から、すでに絶滅した大きな牡蠣（カキ）の化石が出てきます。それから、上部を見ますと、ホタテガイが出てきます（図13）。ふつう牡蠣は潮間帯、ホタテガイは浅い海に棲んでいます。このことから、これらの地層が堆積する時代に、牡蠣が棲むような潮間帯から、ホタテガイが棲む浅い海へと、海の深さが増したことを示す証拠であると考えています。これを海進といいます。

　つぎに話すものは宝物になると思います。大正12（1923）年にトンネル工事現場で砂岩層の中から発見されました。パレオパラドキシアという、海浜に棲んでいた大型哺乳動物の臼歯化石（図14）です。佐渡に一つ残されています。これはサメの歯化石（図15）です。人食いザメのような大型のサメでした。暖流系の貝化石のイモガイも産出しました。当時の海は暖流が押し寄せた海原でし

図12　日本海の誕生を示す平根崎海岸に露出する下戸層

図13　大海進の始まりを示す貝化石
　右：下部にカキ（牡蠣）の化石（クラサオストリア　グラビテスタ）と左：上部にホタテガイ（キムラホタテ）の化石が産出する。平根崎海岸。下戸層産。

図14　海辺に棲む大型哺乳類の臼歯化石
　パレオパラドキシア　タバタイ。佐渡市旧中山トンネルの西側口付近。下戸層産。

図15　巨大なサメの歯化石
　カルカロクレス　メガロドン。佐渡市赤泊。鶴子層産。

図16 層理がよく見える深海成泥岩層（鶴子層）
佐渡市弁天崎付近。

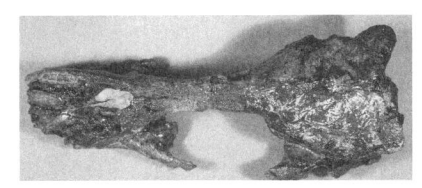

図17 海生哺乳動物の頭骨化石
アロデスムス。佐渡市素浜海岸。鶴子層産。

図18 幻となった海亀の化石
佐渡市素浜海岸。鶴子層。

図19 枕状溶岩をなす玄武岩溶岩
佐渡市小木半島。沢崎海岸。

た。約1,650万から1,500万年前の話です。その頃は能登半島までが熱帯で、北海道南部までが亜熱帯気候であったといわれています。さらに、同じ時代の越後に分布する地層から、暖温帯種のヤマモモやフウという樹木の葉化石が産出します。

誕生した日本海は浅い海のまま続いたのではなく、約1,500万年前から深くなりはじめました。この深海には極細粒砂や泥などがたまりました。佐渡では、下戸層の上に重なる鶴子層（約1,480万から約1,250万年前）と呼ばれる泥岩層（図16）です。その泥岩から産出する化石、これも佐渡の宝物でしょう。小木の金子家の家宝でした。これは硬い石で包まれていましたが、了解が得られたこともあり、苦労しながら石を除くと、すばらしい化石が現れました。化石は哺乳動物の頭骨（図17）で、海生哺乳動物鰭脚類の仲間です。ところが、家の宝を壊したと、金子さまのおじいさんからはひどくしかられました。せっかくクリーニングしてきれいにしてあげたのにと、思ったのですが、大変申し訳ないことをしてしまいました。すでに、お亡くなりになったと聞いております。そのほか、大きな鯨の頭とか、海亀の化石（図18）も見つかりました。この亀は残念なことに、あるところに預けておきましたら、この甲羅の部分がなくなってしまい、幻の亀になりました。ニシン科の化石もよく産出します。これらは約1,400万年前の海での話です。

それから同じ時代に、小木半島にあたるところで玄武岩の海底火山活動が起こりました。現在、たいへん美しい海岸地形になりました。この玄武岩溶岩は枕状溶岩といって、枕を重ねたような形の産状（図19）をしています。固まりかけたマグマが水中に流れ出して、急に冷えて固まりました。立派な枕状溶岩が海岸にたくさん見られま

す。

　この深海は約1,200万年前からさらに深くなりました。この海には陸からの泥も到達しなくなり、その海で莫大に繁茂した海洋プランクトンが海底に積もりました。ほとんどが珪藻という藻類の海洋プランクトンです。この種類は珪酸質の2枚の殻片を持っています。この殻片が海底に積もりました。この堆積物は珪藻軟泥と呼ばれ、地下で固くなったものを珪藻土といいます。珪藻土（図20）は佐渡でイクジといわれます。大きな固まりを持っても、軽く感じます。珪藻の殻片には小さな孔がたくさん空いているのです。珪藻土は七輪の原料、濾過材、増量剤など、色々に利用されてきました。この地層を中山層（約1,200万から400万年前の地層）と呼びます。厚さにして約700mになります。

図20　海洋プランクトンの珪藻化石からなる黒灰色泥岩（珪藻土）
　　　佐渡市紅葉橋。中山層。

●海底の地殻変動でできた

　話が最後になります。佐渡の島がいよいよ海中から顔を出し、島が大きく、高く成長します。このような大地の運動を地殻変動といいます。すでに約500万年前から始まっていますが、海水面に顔を出したのは何時かといいますと、古くても約300万年前の頃であったと思います。この頃になると、地層は珪藻土ではなく、主に砂質シルト岩や泥岩（図21）で、珪藻化石のほか、原生動物である石灰質の有孔虫や、貝化石が見つかります。これらは深海でも浅いところに棲んでいました。地層は河内層といいます。

　この写真（図22）はもう少しのちの地層ですが、貝立層という名前が付けられました。この地層で何が重要かといいますと、礫が含まれています。この礫を調べますと、約2,000万年前に起きた火山活動の産物である火山岩の礫なのです。というこ

図21　砂質シルト岩からなる河内層
　　　深海に生きる小型の二枚貝であるパリオラム。佐渡市佐和田。

図22　新第三紀の火山岩礫を含む貝立層
　　　白色の流紋岩質角礫が砂層の中に含まれる。この礫は約2,000万年前の火山岩溶岩が陸上で浸食されてできた石です。

図23 寒流系の貝化石
現在、北海道など日本の北の海に棲むホタテガイの先祖。貝立層産。

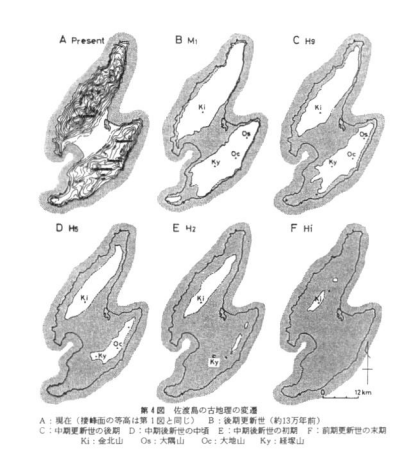

図24 佐渡島の隆起（高野、1987）

図25 縄文海進高潮期における海食洞
　　　相川町岩谷口。

とは、古い時代の火山岩が地表に現れ、削られるようになり、島が出現したことになるわけです。この時代は日本列島全体が隆起を続けました。これに連動して、佐渡の島も海中から頭を出し始めたと思います。このあと、貝立層とともに、上に重なる砂泥互層の質場層には、北からの寒流、南からの暖流が交互に日本海に流入しましたが、それぞれの貝化石（図23）の証拠も見つかります。

約50万年前以後、大佐渡山脈、小佐渡山脈が隆起を続けました。その証拠の一つは山脈の中に残る地形や海岸段丘です。小木半島や二見半島には3段、ないし4段の海岸段丘を見ることができます。このような段丘を残しながら、佐渡はどんどんと隆起を続けました。この山脈の成長ぶりを、高野武男さんが論文（図24）に発表されたことがあります。

現在もこうした隆起は続いているのでしょう。これは縄文時代の海進なのでしょうか、相川の岩谷口にある隆起海蝕洞（図25）です。このような洞は佐渡の海岸にはたくさんあります。また、小木半島に行きますと、広い波蝕台がいたるところの海岸に見られます。これは1812年の小木地震の時に隆起したということで、1メートル近く上昇したのがわかります。このように、山脈は地震の時に急上昇したとか、毎年、少しずつ高くなるのでしょうか。大地は50万年間に1,000メートル上昇するならば、平均年2mmの隆起量が計算されます。

佐渡の加茂湖、それから大佐渡山脈、小佐渡山脈、国中平野など、佐渡の素晴らしい景観は、一回しかない長い歴史の中でつくられたものですし、これらの山々が金山・銀山を生んだ大地として見ていただければと、思っています。

ご清聴ありがとうございました。

> 当日配付のレジュメより

佐渡島―大地の魅力を探る―

新潟大学名誉教授　小林　巖雄

私にとっての大地の魅力

　自然のなかで、大地は生物の生活場所であり、生物の食べ物がつくられる場所です。この大地は私達、人にとってもまさに生活の場であり、生きるかぎり離れることができません。この大地から、さまざまな恵みを受けてきましたし、ときに自然の脅威にさらされるなかで、何十億年の生のいとなみを続けてきました。

　佐渡島は周囲約227km、面積857km^{2}で、大きく、高い山脈を連ねる島です。島の形は少しつぶれた鼓のようです。南側と北側に2つの山脈が並走し、山々は佐渡アルプスとでもいえる山容を呈しています。大佐渡山脈の最高峰、金北山は標高1,172.1mで、山の形は美しいスロープを持ち、佐渡連峰の要になっています。この山の名前は佐渡金山の北にあることから呼ばれるようになったと、聞いたことがあります。山頂には金北山神社奥宮が祀られています。国中平野から眺めた大佐渡山脈と、南側の小佐渡山脈はまさに佐渡の大地の見事な脊骨（脊梁）をつくっています。2つの山脈の間に幅約10kmの国中平野と加茂湖が広がります。

　さて、このような島の形は他に類を見ないのではないでしょうか。このような地形ができてくるまでには数万年の歴史ではなく、なんと数百万年の時間が必要でした。地質学の世界は、地球の歴史、約45億年の歴史を解明しようと、たゆまず続けられています。地質時間からすれば、わずか一瞬の40年間にしかすぎませんでしたが、私も佐渡島の地質と生いたちを調べる魅力にとりつかれ、岩石を叩いたり、化石を掘り出したりして、島内を歩き続けました。島の岩石、地層と化石は、金銀を与えてくれたし、そればかりか、大昔に起きた日本海の誕生と、今に至る日本海の大ドラマ、海洋生物の移り変わり、そして島の誕生のドラマ、佐渡に人が渡ってきたその瞬間など、島の歴史を探ることができる大地の歴史を記録しています。この魅力にとりつかれ、佐渡島に足をたびたび運びました。

佐渡金山の金銀鉱床はいつ、どこで、どのようにしてできたのか

　佐渡金山（鉱山）は佐渡市惣徳町（相川）の濁川沿いにあります。1601（慶長6）年に開発が始まり、1989（平成元）年に閉山しました。金銀の生産量はこの間で、粗鉱量1,530万トン、金は77トンで、江戸時代に41トン、明治時代に8トン、大正時代に7トン、昭和時代に21トンも生産されました。銀の生産量は2,330トンで、江戸時代に1,781トン、明治時代に132トン、大正時代に80トン、昭和時代に3,071トンでした。生産量は日本一でした。

　金銀を含む金銀鉱石は佐渡島に分布する第三紀漸進世（約3000万年前）の入川層と、主に中新世（2200～2100万年前）の相川層群相川層に貫入した石英脈のなかに形成されています。相川層は緑色の粘土鉱物などができた変質した暗緑色安山岩や火山砕屑岩です。

　佐渡鉱山のシンボルともいわれる道遊の割戸（われと）は、江戸時代の露天掘り跡で、優良鉱脈の一つでした。稼業延長は120m、稼業深度は150m、平均の脈幅は10m（佐渡で

最大)、金：銀＝１：10、金の含有量５グラム／トンでした。青磐脈は稼業延長2,100ｍ、稼業深度500ｍ、平均脈幅６ｍ、金：銀＝１：20、金の含有量平均６グラム／トンで、普通に含まれる岩石中の金含有量の6,000〜10,000倍でした。

　熱水鉱床といわれますが、金を濃集させた鉱床はどのようにしてできたのでしょうか。しみ込んだ雨水や海水などの地下水が地下深くに達すると、マグマの熱によって加熱され、熱水になります。この高温水が周囲の岩石と反応して、金、銀、鉄、銅、亜鉛、石英などを溶かし出します。金属などを溶かし込んだ熱水は、割れ目や断層を伝わって浅いところに移動し、温度が250℃以下になると、石英とともに金、銀などが沈殿します。金銀の含有量が多い部分が金銀鉱床です。

　2,000万年ほど前の火山活動によって、金銀鉱床が佐渡で形成されました。石英脈といえば、佐渡の赤玉石も同じ成因でして、酸化鉄などの不純物が含まれたものです。

佐渡の宝は掘りだせば数々あります

　佐渡の金銀鉱山の鉱床ができる頃はいまだ日本海がなく、太平洋に面する大陸の東端でした。この火山活動は北海道から日本海側の各地、伊豆などに広がり、緑色凝灰岩を特徴的にともなうことからグリーンタフ火山活動と、呼ばれます。相川の尖閣湾、千畳敷、外海府の大野亀と二つ亀など佐渡島をぐるりとめぐる岩石海岸を訪れれば、日本海の冬の荒海と佐渡島の隆起によってつくられ、切り立つ断崖（海蝕崖、段丘崖）や海蝕洞などのすばらしい自然の彫刻をみることができます。佐渡市関（旧相川町）には、明治時代から外国人にも注目された木の葉石の産地があります。湖の地層からは魚や昆虫の化石もみつかります。火山の脇に湖が広がり、昔のブナ林や落葉樹が茂り、昆虫が飛びまわる明るい林が目に浮かびます。これは2,000万年前の話です。

日本海の誕生（約1,600万年前）から現在に至る海の歴史を記録した地層が手にとってみられる島

　佐渡市平根崎では、1,600万年前頃に日本海が誕生した証拠を観察できます。カキを含む地層から、ホタテガイを含む地層へと変わりました。これは日本海の誕生を物語るできごとでした。当時は熱帯〜亜熱帯の気候でした。暖流の流れる海が侵入し、大小の島々がならぶ花づな列島が現れました。パレオパラドキシアという大きな海浜哺乳動物や暖流系の生物にお目にかかれます。地層は下戸層といいます。

　その後、1,600万年前頃になると、太古の島々は水没し、日本海は深海の時代になりました。鯨やアシカが遊泳する海原でした。深海の底生生物の化石が見つかります。地層は鶴子層といいます。

　1,300万年前頃になると、日本海には数千ｍの深海も存在するようになり、海洋プランクトンの珪藻が多量に繁茂し、珪藻軟泥が厚く堆積しました。地層は中山層といいます。

いよいよ、佐渡島の誕生

　600万年前頃になると、日本列島の姿がしだいに浮かびあがりはじめました。佐渡はま

だ深い海でしたが、海底の隆起がゆっくりと進行しました。さらに、300万年前頃になると、島が海原に頭をだし、礫層となる砂礫が周囲の海に運び込まれるなど、佐渡島がいよいよ誕生しました。当時の状況を伝える堆積物や海棲生物の化石が見つかります。30万年前には島の隆起がはやまり、2つの山脈が並んで成長しました。この様子は海成段丘に記録されています。

　佐渡島を歩いて、自分の目で宝（世界に残す遺産）を探しましょう。

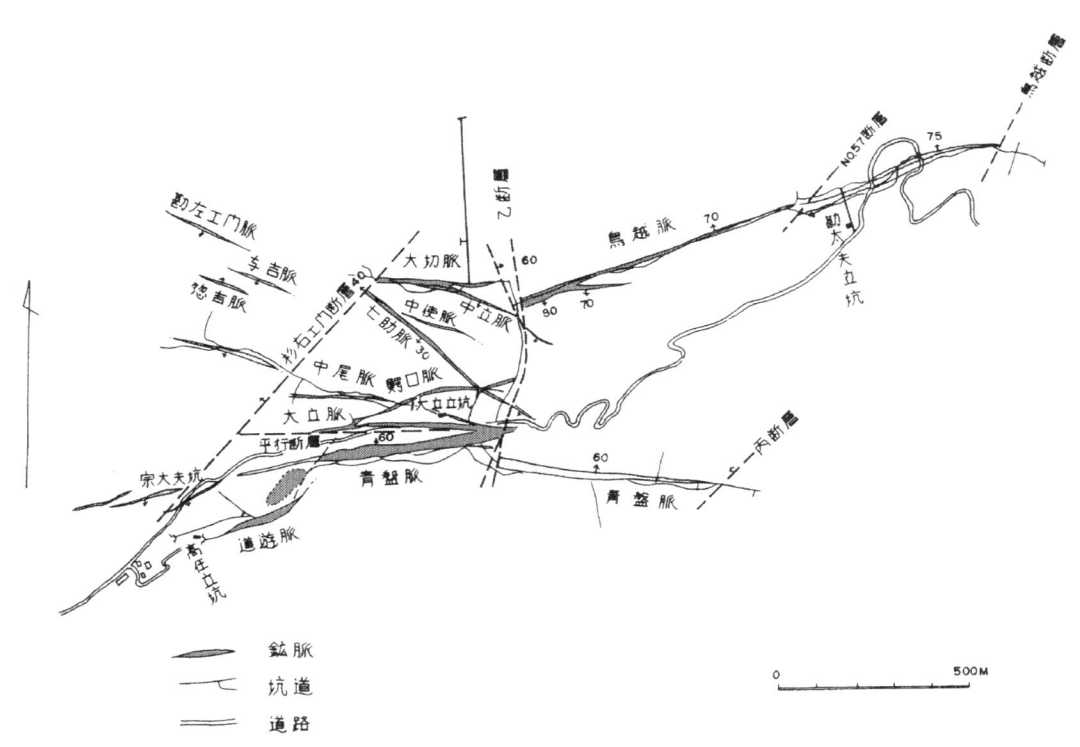

佐渡金山における金銀を含む鉱脈の分布（島津、1977、佐渡博物館研究報告、7集）

佐渡の地質年表と生い立ち（小林・神蔵、1993、佐渡博物館編著「図説佐渡島〈自然と歴史と文化〉」）

地質時代				地層名	層厚 m	岩　相	化　石[2)]	おもなできごと
新生代	第四紀	完新世		金丸層	110	粘土・シルト・砂および礫の不規則互層	珪藻化石（汽水生、海生）花粉化石	国中平野の誕生
		更新世	後期 —1万—	国中層	3～20	褐色粘土　シルト・砂および礫の互層	汽水生の貝化石（ヤマトシジミなど）、植物化石　珪藻化石（汽水生、海生）、花粉化石、生痕化石	佐渡島の隆起と段丘の形成
			中期 —15万—	赤坂層	10～40	褐色粘土、不淘汰礫層		佐渡島の誕生
				質場層	30	砂とシルトの互層、礫	浅海生の貝化石を多産（エゾタマキガイ、ホタテガイ、キンチャクガイほか）	
			前期 —?—	貝立層	60	粗粒砂礫と細粒砂の互層、砂礫	有孔虫化石、珪藻化石（海生）、腕足類、アマモ化石	
			—170万—	河内層	110	細粒砂と石灰質砂の互層　砂質シルトと細～中粒砂の互層　塊状シルト	有孔虫化石を多産　珪藻化石（海生）、貝化石（パリオラム・ベッカーミ）	
	第三紀	鮮新世 —510万—		中山層	320	珪藻質泥岩、グロコナイト	海生の珪藻化石を多産　珪質鞭毛虫類化石　花粉化石　砂質有孔虫化石　外洋・半深海生の貝化石（パリオラム・ベッカーミ）	深くなる古日本海
		中新世	後期 —1000万— 中期	鶴子層	200	硬質頁岩、グロコナイト質砂岩　玄武岩（枕状溶岩、ハイアロクラスタイト）	大型海生哺乳動物（アロムデスムス、クジラ、イルカ）サメ類（カルカロドン）、有孔虫化石　魚類化石（ニシン科ほか）、外洋・半深海生の貝化石（パリオラム・ベッカーミ）	
			—1600万— 前期	下戸層	10～30	礫岩、砂岩　石灰質砂礫岩	内湾～浅海生の貝化石を多産（ビカリヤ、イモガイ、カキ、ホタテガイほか）　大型海生哺乳動物（パレオラドキシア）、サメ類（カルカロドン）、きょく皮類、有孔虫（オバキュリナ、ミオジプシナ）、腕足類、コケムシ類、マングローブ相動植物化石	古日本海の誕生
				金北山層	300	デイサイト溶岩・火砕岩		火山活動をともなう大陸の時代
				真更川層	1500	デイサイト溶岩・火砕岩・溶結凝灰岩　玄武岩・溶岩・火砕岩、シルト岩	植物化石を多産（関植物化石群）、淡水魚類化石（コイ科）　珪藻化石（淡水生）、昆虫化石（サドムカシケバエなど）	
				相川層	1500	変質安山岩溶岩・火砕岩・溶結凝灰岩　礫岩、硬質頁岩、金鉱床	植物化石	
		漸新世 —2400万— —6500万—		入川層	500	デイサイト質火砕岩・溶結凝灰岩		
中生代 —2.5億— 古生代				基盤岩類	?	花崗岩　粘板岩、チャート、砂岩、礫岩　石灰岩、結晶質石灰岩　変玄武岩、変ハンレイ岩、蛇紋岩	放散虫化石　フズリナ類、ウミユリ類、コケムシ類	大昔の海の時代

民俗・芸能からみた佐渡の遺産

佐渡年中行事 　　　　佐渡島昔話集 　　　　河崎屋物語

民俗・芸能からみた佐渡の遺産

新潟大学人文学部　教授　池田　哲夫

池田でございます。

佐渡の両津にある郷土博物館で学芸員をやっておりました。新潟に来て10年目になります。他の先生方はすべて佐渡を外からご覧になっている方々なのですが、私は佐渡の人間で、お話しするというのは少し気が引けるのでありますけれども、普段思っていることなどを少しお話しできたらと思っております。

今日は補足の6枚つづりの資料を出させていただきました。私は、民俗学を勉強中であります。民俗学というと柳田國男という人の名前を皆さん思い出されるのではないかと思います。この柳田國男という人と佐渡は大変ご縁があるのです。今話題になっているトキもそうです。大正時代に野生のトキが佐渡にいるということを一番最初に発表したのが『民族』という雑誌なのです。これは柳田國男と交流のあった川口孫治郎という人が佐渡から柳田のもとに手紙を出した。それが『民族』という雑誌に載って、佐渡にまだ野生のトキがいるということがわかったわけです。柳田は、トキとも縁があるということです。

さて、民俗学というものを考える時に柳田國男という人を避けて通れないと思います。そこで民俗といってもなかなかお分かりいただけないので、ちょっとだけお話ししておきたいと思います。

●世代を超えて伝えられたこと

民俗とはなんだろうと考えますと、親の親の親

池田哲夫（いけだ　てつお）
新潟大学人文学部教授
1951年生、民俗学
新潟大学大学院現代社会文化研究科博士
課程後期単位取得満期退学（博士）
漁労技術の伝播に関する民俗学的研究
『近代の漁撈技術と民俗』吉川弘文館、『佐渡島の民俗』高志書院

トキ

風俗習慣と結びつきの多い盆踊り

岩場で漁をする佐渡の漁業

写真1　大正時代の夷港

写真2　大正9年の佐渡の旅
　　　（佐渡博物館提供）

柳田國男
　1875（明治8）～1962（昭和37）年　日本における民俗学の創始者。
　1914（大正3）年貴族院書記官長となり、1919（大正8）年12月に就任し20年間の官僚生活から退いた。
- ０－３　研究の特徴は文字資料にもとづく歴史学の限界を指摘し、世代を超えて伝えられてきた民俗事象によって歴史を明らかにする民俗学の有効性を主張した。

のそのまた前くらいからやってきていること、言い伝えていること、習わしとか、風俗習慣というものになるわけです。こういうものを材料にしながら学問的に考えてみようというわけです。少し難しいことを言いましたが、個人でやっているものではなく、ある地域とか、あるムラとかそういう一つの集団を単位とし行っているものを対象にします。だから、これは「私が考えた」というのは外して考えるということです。

　語り伝えられていたり、知識として持っていたりする、そういうものです。言い換えれば文字に残らなかった、世代を超えて伝えられてきた、いろんな生活の事象の中に歴史を発見しようというわけです。こういう民俗事象を材料として過去の人間生活を明らかにしていこうというわけです。これが民俗学の考えかたの1つです。

　そうやって得られた事例を調査しながら分析をしていくということです。

　そこで文字に頼らない、実際に人々がやっていることを材料として考えていく。これが習わしとか、しきたりとか言い伝えなどですが、それが歴史を考える大事な資料であると主張をしたのが柳田國男ということになります。そして、これも民俗学の大きな考え方であります。

　柳田國男についてはもう大体皆さんご存じだと思います。明治8年に生まれて昭和37年に亡くなっておられます。日本民俗学の創始者、そして近代日本を代表する思想家でもありました。柳田は20年間の官僚生活を送るわけです。そしてとくに1914年から5年間貴族院の書記官長という要職につきます。柳田は書記官長を辞してまもなく、佐渡へ渡っております。

●文字によらない民俗学的調査

　柳田は佐渡を大正9年と昭和11年の2回訪れています。これが（写真-1）柳田國男が佐渡に来たころの、佐渡の夷港です。当時は新潟から両津（夷港）までは200トン前後の船で、3時間半あまりかかっていました。今でも税関の松というのがありますが、佐渡海上保安署の松です。佐渡に着いた夜は夷の野村旅館というところに泊まっています。今の北越銀行の両津支店のあたりです。当時は本土側でも交通の便がよくない。佐渡へ行く船の便も良くない。そういう佐渡に何故柳田がやってきたのか、もの珍しさだけであったのか、という辺りをさぐっていきたいと思います。

　先ず大正9年6月16日に両津に上がって佐渡をぐるっと一周します。その一周した地図は皆さんの閉じたほうの冊子の11ページ、図の1というところに柳田の回った順路を載せてあります。外海府を3日間かけて足で歩くのです。そのとき一緒に巡りあわせたのが、海府遍路に行く赤玉の遍路さん5人で、この人達と一緒に回るわけです。そのときの格好がインパネスというのですか、二重マントに革のトランクを持って歩いたというのです。都会人の柳田が歩いて回ったというからたいしたものです。そうやって外海府を中心にして佐渡をぐるっと1週間かけて一巡しているのです。

　相川の姫津というところを囲っておきました。この姫津という場所を覚えていてください。1回目に佐渡へ来て最後に泊まったのが中興の植田旅館です。佐渡出身の方ならご存じだと思うのですが、両津の町に植田医院というお医者さんがおりましたが、そのお医者さんの実家です（写真-2）。その前で撮った記念写真です。これで間違いなく佐渡へ柳田國男が来ているということです。一番右側に若い青年が写っています。これが

両津港

写真3　昭和11年の佐渡の旅
　　　（中山友徳氏蔵）

1－0　柳田は、佐渡を1920（大正9）年と1936（昭和11）年の2度訪れている。

佐渡風景　海

― 55 ―

写真4　石見佐次衛門（左端）
石見佐一郎氏蔵

1-1　柳田國男と石見佐次右衛門
　柳田は、1914（大正3）〜1919（大正8）年までの間、貴族院書記官長の職についていた。そのとき、貴族院の守衛をしていたのが旧相川町姫津出身の石見岩次郎（本名佐次衛門）であった。柳田が佐渡に関心を持つようになったきっかけの一つに旧相川町姫津の石見佐次衛門との出会いがあげられる。

1-2　1920（大正9）年に佐渡を訪れた柳田は姫津に帰っていた石見を訪ね、そのときのことを島根民俗学会の機関誌『島根民俗』（1938（昭和13）年9月の創刊号）に柳田が「石見佐次右衛門」と題した巻頭論文を寄せている。
　石見は貴族院の議会開会中に守衛として上京していたことや、柳田が石見という姓に関心を寄せていたことがわかる。

　以前、貴族院の守衛に石見岩次郎という至つて篤実な後備の海軍兵曹だといふ男が居た。毎年議会の開期中雇われて上京し、すむと挨拶をして故郷の佐渡に還つて行くことが十数年近くも続いた。或年、佐渡の姫津といふ処から手紙をくれて、私も大分年を取りましたから、もう本年限りで東京行きを止めました。実は本名は佐次右衛門ですが、余りをかしいので、岩次郎と謂つて居りました。これからは本名を以てご交際を願ひますと謂つて、暑さ寒さには其の佐次右衛門からの状が来る。私はその前から浪人をして居て、とつくに上役でも何でもなかつたのである。あんまり懐かしいので佐渡に旅行をした際に（発表者注：1920年の佐渡来訪の際）、訪ねたいがわかるか知らんといふと、あ、姫津なら全部が石見だ。名前を謂つて見ても外の人は知るまいとの話であった。石見から移住して来たので誰も彼も明治になって皆石見を名乗つた。たびたび火事があったので書いたものは一つも無いといふ。私は是を聴いて非常に心を動かしたのだが、詳しいことを知らうとするには多少の用意がいると思って、却って此時には尻込みをして還て来た。

『佐渡万華鏡』という写真集で紹介された近藤富雄という写真家です。佐渡を撮り尽くしたというか、3町歩もあった田んぼを1町歩にするくらい写真に入れ込んだという人です。その人が記念写真に写っています。

●柳田國男の写真

　次は3枚目です。2回目は昭和11年7月7日から、3泊4日で佐渡へ渡っています。この一番左側が柳田國男です。その真ん中、中山徳太郎という河原田の産婦人科のお医者さんです。その右側白いひげを生やしているのは西三川というところで小学校の先生をして佐渡の昔話なんかを集めていた松田与吉という人です。後ろの左側ですが、柳田國男の奥さんです。

　その奥さんの隣にいるのが蓮華峰寺の住職の青柳秀雄です。それからその隣が若き日の山本修之助です。その右が中山徳太郎の秘書的存在でもあり、当時河原田町役場に勤めていて謄写版の技術に長けていた稲辺弘という人です。こういう人たちが2回目に佐渡へ柳田が来た時に面会しているわけです。中山徳太郎は河原田の町に医院を開業していましたけれども、その分院として窪田に書斎兼分院を持っていたのです。それが今の至誠堂医院のある辺りです。もともとは佐渡鉱山のクラブとして出来たものらしいのですが、それを中山が買い取って分院にしていたということです。ここへ柳田國男夫妻を招いています。

　では、何故柳田國男は佐渡に興味を持って2回も来たのかということなんです。それは綴じた資料の〔1-1〕というのをご覧下さい。柳田國男と石見佐次衛門と書いておきました。柳田は貴族院の書記官長をしていたという話を申しあげましたけれども、その書記官長のとき、そこに佐渡の

姫津出身の石見佐次衛門という守衛がいたというのです。柳田はその守衛と懇意にしていたということです。柳田は石見という苗字に非常に惹かれたというのです。何で惹かれたかというと、〔1－3〕というところへ飛びますが、佐渡の石見姓というところをご覧下さい。一村が石見姓を名乗っているということへの関心です。

●一村が石見姓から、石見との関わり

この姫津は一村が石見だということを柳田國男は石見佐次衛門から聞くのです（実際にはそれ以外の姓もある）。その頃石見は議会が始まると、佐渡から臨時雇の守衛として貴族院へ行っていたわけです。そのことのやり取りは皆様の資料に小さい字で書いてありますからお帰りになってお読みください。

そういう石見という一村が同じ姓を持つということを石見佐次衛門から聞いたのでしょう。そのときの印象を別資料の〔1－4〕ですが、そこに柳田が「島根民俗」というところに書いた文章を載せておきました。大正9年の旅の際、「石見から移住してきたので誰も彼もが明治になって石見を名乗った。私はこれを聞いて非常に心を動かしたのだが」、と柳田は書いているのです。つまり石見姓、或いは石見から姫津への漁民の移動があったという伝承に、非常に関心を示していたということがわかります。

この石見というのは、先ほどの田中先生のお話にありましたように佐渡との関わりがある地であります。こうした記述から柳田は日本海の沿岸における海を生業の場とした、海人（あま）の移動とそれから定住の関係を想定して、姫津や海府に関心を寄せたのだろうと考えられるわけです。

つぎに〔1－6〕です。そこでとくに黒く太字

1－3　佐渡の石見姓
石見は旧国名の一つで、現在の島根県西部にあたる。姫津はそこから漁師が移住してきて開いたムラであるという伝承がある。

写真5　姫津

1－4　柳田は1920（大正9）年の旅の際、「石見から移住してきたので誰も彼も、明治になって石見を名乗った。－中略－私はこれを聴いて非常に心を動かしたのだが」[柳田石見佐次右衛門]と、石見姓や石見から姫津への漁民の移住の伝承に関心を示し、さらに同誌で次のように記している。

元の村の名は知つても土地を想像することは先づ出来ない。従つて屡々誤つて忘れたりする。日本海の沿岸にはところどころ、移住者に相違ない村があるが出処の国だけでも判って居るものは殆ど無い。相川にも姫津へ引越した者以外に海士町といふ者が今でも居るが、是などは後であらうのに身元がもう知られて居ない。佐渡にも越後にも海府という一帯の地域が、海人の開いた土地だらうと想像せられるが、住民は何れもそこで発生したような感じを持って居る。[柳田　1938　石見佐次右衛門]

－ 57 －

1-5 この記述から、柳田は日本海沿岸における海を生業とした（海を生業の場とした人）の移動と安住の関係を想定し、姫津に特に関心を寄せたものとも考えられる。

1-6 柳田は、佐次右衛門の石見姓とその出身地とされる島根県との関係からそこに海人の移住のあったことを見出そうとし、佐渡を訪ねた直後に書いた「佐渡の海府」という論文に「元はやはり漁民として移住して来たものらしく、当時相川より南の、ドロと言う小さな浜に住み、姫津が相川の津になって後、保護を与えてここへ移したものらしい。石見が本国ということで全村ことごとく石見氏である」［柳田 1920 佐渡の海府］と記している。

1-7 柳田國男の研究者松本三喜夫氏（糸魚川市出身）は柳田の佐渡への旅について『柳田國男の民俗誌－『北小浦民俗誌』の世界』で、「大正9（1920）年の佐渡の旅、昭和11（1936）年の佐渡再訪、そして昭和24（1949）年の『北小浦民俗誌』の刊行へと、柳田が佐渡の研究に長くの時間を費やしたのも、それはひとえに『北小浦民俗誌』で述べようとした内容と問題の大きさ故であった」と述べている。

1-8 1961（昭和36）年、柳田の最晩年の著書とされる、柳田が終生課題とした日本人の源流を探るという『海上の道』が刊行された。
松本氏は『北小浦民俗誌』と『海上の道』について、「『北小浦民俗誌』では、海部という地名を手がかりに、海部の来たし方を想像しながら、彼らが佐渡の海府でどのように定着し、農業にいそしみながら生活していくようになったかをのべている」「『北小浦民俗誌』と『海上の道』とは、同一のテーマにして地理的、視覚的にみて、南と北という対角的位置からのアプローチであることがわかる」と述べている。

1-9 この視点は傾聴すべきであると思う。つまり佐渡金銀山以前の佐渡の基層文化はどういうものであるのか、それと金銀山による人の移動や交流、交易と島の文化の関わりをみていく視点も今後の課題であると考える。

で載せてあるところにご注目いただいて読んでいきます。柳田は、佐次衛門の石見姓とその出身地とされる島根県との関係からそこに海人の移住のあったことを見出そうとして佐渡を訪ねた直後に「佐渡の海府」という論文を書くのです。そこの中に次のように書いてあります。「元はやはり漁民として移住してきたものらしく、当時相川より南の、ドロという小さな浜に住み、姫津が相川の津になった後、保護を与えてここへ移したらしい。石見が本国ということで全村ことごとく石見姓である」ということを「佐渡の海府」という論文の中に書いているわけです。

この写真（写真－4）の左側は石見佐次衛門です。昭和の初めの写真だというのです。姫津は昭和48年一村が焼けるという火事があったのですが、幸いこのお宅は焼け残っていて写真が残っていました。左側の人が石見佐次衛門です。そしてこれが（写真－5）姫津の集落です。

柳田國男の研究者というのは沢山いるのですが、その中で糸魚川市出身の松本三喜夫さんという人が（柳田の佐渡への旅について〔1－7〕のところです）、『柳田國男の民俗誌－『北小浦民俗誌』の世界』という本を書いておられます。柳田國男が後にも先にも特定の地名を冠して書いた民俗誌はこれ1冊なのです。柳田の膨大な論文の中で何故この特定の地名をつけて書いたか、これが又謎なのですけれども、そういうことを研究している松本さんは、

「大正9年の佐渡の旅、昭和11年の佐渡再訪、そして昭和24年の『北小浦民俗誌』の刊行へと柳田が佐渡の研究に長くの時間を費やしたのも、それはひとえに北小浦民俗誌で述べようとした内容と問題の大きさ故であった」と述べているのです。

●日本人のルーツを佐渡に探る

　それはどういうことかというと、〔1－8〕です。柳田は終世日本人とは何か、日本人の源流を探るということをずうっと課題にしてきたわけですが、その晩年の作に『海上の道』というのが刊行されます。松本さんはその『海上の道』と『北小浦民俗誌』、その他の論文も読んでこういう見解を出すのです。

　北小浦民俗誌と海上の道について「『北小浦民俗誌』では海部という地名を手がかりに海部の来たし方を想像しながら、彼らが佐渡の海府でどのように定着し、農業にいそしみながら生活して行くようになったのかをのべている」。「『北小浦民俗誌』と海上の道というのは同一のテーマにして地理的、視覚的にみて、南と北という対角的位置からのアプローチであることがわかる」と主張しています。

　柳田國男は日本人のルーツを探る、そういう姿勢の中に佐渡に古くから海を生業とした人々が住みついた、そういう人たちが切り開いた島ではないかという考えがあったのでしょう。それが日本人とは何かというところと相通ずるものがあったのだと思います。一つの基層文化としてそういうものがあったのかも知れません。

　そうして田中先生のお話にありましたけれども、石見から人々が移住してまいります。その石見から移住した中に漁師たちがいるというのは皆さんご存じだと思います。そのことを〔2－0〕というところに書いてみました。石見漁師が佐渡に伝えた技術の中に漁業の技術があるわけです。そのことについて田中先生は平成10年に石見で「我が国銀山開発における石見人の役割」ということでお話になっている、その報告書があります。その中で田中先生は、3ページ目をご覧下さい。

2－0 石見からの移住

　石見漁師が佐渡へ伝えた漁撈技術について田中圭一氏は「それから備中や石見から沢山のひとたちが、佐渡へやってきている話が出てまいります。しかも、これは先ほど出てきたような役人からしまいには漁業や、四十物をつくる人たちまでが大量にやってまいります。佐渡の海府という所にある姫津村では、石見ガタセというものを作る。スケソウ鱈を乾かすのですが、これが秘伝だそうであります。（中略）しかし、佐渡ではやっぱり石見ガタセとして、その人たちだけがその手法を守っている。しかも、それは佐渡中のカタセをハエ（延）縄でとるという技巧とともに島内で維持している」と述べている〔田中　「我が国銀山開発に於ける石見人の役割」『第3回石見銀山歴史文献研究会報告書』1988〕。石見の漁師が佐渡で伝播・普及させ、それが伝承されていることを示している。

金銀山絵巻物

沖合漁業を盛んにした大久保長安の墓

2－1　1920（大正9）年編さんの『新潟県漁業誌』によれば、新潟県下で石見からの漁師の移住によってもたらされたとされる鱈（すけと）延縄漁の概要を「本県漁業の沿革」として次のように記している。

興隆期今ヨリ三百年以前徳川幕府ノ初期己ニ鱈延縄鱶漬ノ如キ沖合漁業及手繰網・底刺網等ノ網漁業行ハレ佐渡ニハ奉行大久保石見守漁業奨励ノ事跡アリ
佐渡ノ漁業奨励　慶長年間（距今三百年）佐渡奉行大久保石見守石見国ヨリ漁夫若干名ヲ佐渡姫津ニ移住セシメ漁業ヲ奨励シタル事跡アリ

2－2　このことから、大久保長安により石見から鱈（スケトウダラ）やシイラ漬などの沖合漁業の技術を持った漁師が佐渡の姫津に呼び寄せられ、以後、佐渡の沿岸地域で沖合漁業が盛んになり、やがて漁場の独占的使用が認められるようになったものと思われる。

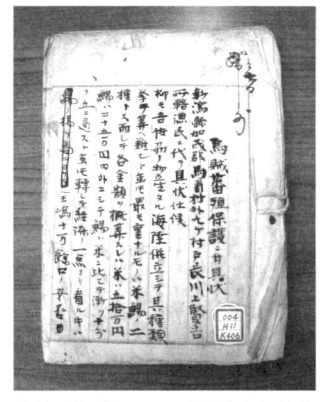

佐渡の漁業について記載された古文書（加茂郡資料）

　延縄の技術、スケトウダラ、鱈を捕る延縄の技術が石見からもたらされてきた。そしてそれが佐渡では姫津でそれを片背、背中を割って寒風に晒してカチカチの干物にするのですが、それを石見片背といい、そしてその姫津の人たちが、その石見片背の製造の手法を守っているのだということを報告されています。つまりスケトウを延縄で捕るという技法とともに、島内で片背にする加工技術が伝承されて維持されているのだということを述べておられます。

　スケトウダラは深海魚で冬季に延縄でとります。延縄というのは、図（写真－7）がちょっと見え難いのですが、1本の長い縄にたくさんの枝縄を出して釣り針をいっぱいつけて海の中にセットしておくのです。1回にたくさんの魚が捕れるということで非常に先進的な技術だったのです。

　こういう伝承があるということは、佐渡には石見から人々が移る前にはこういう技術が無かったのではないかと思います。そういう先進的な技術を持つ人々が石見から佐渡の金銀山の発展に伴って移住してきた。それは石見からそういう漁業技術に長けた人を呼び寄せたということになると思います。その辺りのことを少し〔2－1〕辺りに新潟県漁業史（大正9年）から引用してございますので、機会があったらお読みください。

　こうしたことから大久保長安によって石見からスケトウダラ、或いはシイラという魚を捕るつけ（漬）漁という沖合漁業の技術を持った漁師が佐渡の姫津に呼び寄せられるということになります。そして以後、佐渡や越後の沿岸地域で沖合い漁が盛んになるということになります。

　そういう西日本の先進的な漁具、漁法、魚とりの技術、そして加工の技術が佐渡にも入ってくるというのが、金銀山の盛況とともに導入された食

の面での技術ということになります。

　そういう移住についての伝承を民間伝承の会佐渡支部の活動にみることができます。昭和10年に柳田の指導のもとに民間伝承の会というのができます。その佐渡支部が柳田國男が2回目に来た昭和11年の前後のころに創設されています。中山徳太郎とそれから河原田高等女学校の先生であった糸魚川市出身の青木重孝が中心になって民間伝承の会佐渡支部というのを作るのです。その佐渡支部の初期の仕事として『佐渡年中行事』という本をまとめます。そして柳田國男の序文入りで刊行するわけです。この本の執筆に当たって調査項目というのを作るわけですが、その中にこう書いてあります。

　それが〔2-3〕の（ホ）と書いてあるところです。「この島国は古い時代において多くの移住民を迎えておる。内・外海府は古の海部のものといわれ、石見からまた姫津の村、甲州からまた一党、また岡崎の党、金子の党など枚挙に暇が無いほどである。それらの人々の持ち伝えた行事は今日形跡も無く、周囲と交わりあってしまったのか、この調査の興味はその辺にも少しはある」、その辺りのことを良く調べるようにとのことで調査項目を設定するのです。

2-3　民間伝承の会佐渡支部の活動（1936（昭和11）頃創設）
　1936（昭和11）年12月民間伝承の会佐渡支部と佐渡郡小学校国語研究会では連名で「佐渡年中行事調査標目　其の壹　正月編」を作成。
　石見からの移住と年中行事の関わりに注目している。移住者とそれにともなう民俗事象の伝播という見方がすでに佐渡島内でもたれていたようである。

（ホ）此島国は古い時代に於いて多くの移住民を迎えて居る。内・外海府は古の海部の者と云われ、石見からまた姫津の村、甲州からまた一党、また岡崎の党、金子の党等枚挙に暇がない程である。それらの人々の持ち伝えた行事は今日形跡もなく周囲と交わりあってしまったろうか、この調査の興味はその辺にも少しはある（成果は1937（昭和12）年に『佐渡年中行事』として刊行）。

●民俗学の宝庫でもある

　この調べたものの成果が昭和12年に『佐渡年中行事』となって出るわけです。その写真の一番左の端のものです（写真-6）。右側が『河崎屋物語』で中山徳太郎の書いたものです。余談に付け加えておきますけれども、真ん中は鈴木堂三という人が柳田國男が佐渡へ渡る直前に佐渡に入ってきます。佐渡の昔話を集めてこの本にするわけですが、この本の中に「鶴女房」というのを片辺の宿

写真6　民間伝承佐渡支部の刊行物
左　佐渡年中行事　　中央　佐渡島昔話集
右　河崎屋物語

夕鶴

2－4　佐渡の年中行事は沿岸村落にあっても稲作に関わる事象が多く見られる。今後はこれらの比較検討が急務である。

2－5　石見漁師の移住
スケト（スケトウダラ）、タラの延縄技術を伝えた。
延縄は一本の幹縄に数多くの枝縄に釣針をつけて敷設しておく。一回で多くの漁獲を得ることができる漁獲法が伝えられた。しかし、石見ではスケトやタラを捕ってはいない。アマダイの延縄が行われている。

2－6　船の左櫓
進行方向に向かって櫓が右側にある。漕ぐものにとっては艪の方から見て左側に位置するので左櫓と呼んでいる。
左櫓は佐渡では姫津のみ。
これは漁法、漁場等の関係によるものか検討が必要。

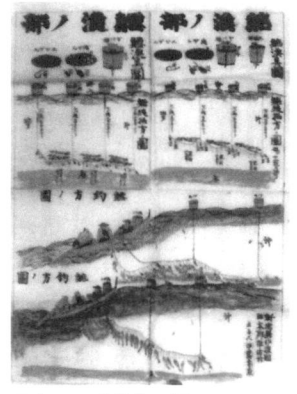

写真7　延縄漁の図

で採集するのです。それが後に木下順二による『夕鶴』になります。その原話がここにあるということです。『夕鶴』のほうが一人歩きをしていて、『佐渡島昔話』というのはあまり知られていないのです。民間伝承の会佐渡支部の活動としてこういうものもあったということです。これは機会があったら又お話しさせていただければと思います。

この『佐渡年中行事』を作るに当たって調査項目というのを設定し、その中には申しあげたようなことが意識的に書かれているのです。そういう指示はいったい柳田國男がしたのかどうかということも問題になってきます。

〔2－4〕ですが、『佐渡年中行事』や私の調べた限りでも沿岸村落にあっては稲作にかかわることが多いのです。もう少し古くから伝えられた、或いは沿岸の人々が行っていた、そういう年中行事とかがあるのではないかと思っています。それは今後比較検討をしていきたいと思います。

金銀山の盛況に伴って、或いは衰退に伴って人々がどう移動したのか、そういうものが佐渡にどうもたらされて、或いはどう他へ伝わっていたのか、そしてもともとあった金銀山以前の佐渡の既存の文化とどう関わりあってきたのか、というあたりもこれから私の民俗の勉強の過程の中での大きな問題でもあります。

● 石見漁師の漁法

次に〔2－5〕でありますが、石見漁師の移住というのを出しておきました。これは先ほども申しあげましたようにスケトウダラとか鱈の延縄技術を伝えたということです。この図は姫津で明治の30年代に作った延縄漁のやり方です（写真－7）。ちょっと見づらいのですが、とくに船の櫓

の位置をご覧ください。進行方向の右側に櫓があります。これを左櫓などと呼んでいます。これが行われているのは佐渡の中では姫津だけなんです。写真は（写真－8）石見に沖泊というところがあって、そこの船なのですが、ちょっと見ると佐渡の形に似ているところもあります。櫓杭などといいますが、ここに櫓を引っ掛けて舟を漕ぐわけです。そのことを〔2－6〕に書いておきました。進行方向に向かって櫓が右側にあります。漕ぐ者にとっては艫の後ろを見て左側に位置するので左櫓などと呼んでいます。先ほど申しあげたように左櫓は佐渡では姫津だけなんです。これは石見から伝承が本当に入ってきたのかどうかということにも関わるわけですが、漁法とか、或いは漁場の関係かもしれません。もう少し検討が必要だと思います。残念ながら私の調べた範囲では石見ではスケトウ鱈を捕ったという記録はないのです。鱈がいないのです。その代わり延縄で何を捕ったかというとアマダイを捕っています。鱈を捕ったという言い伝えはありませんが、もしかするとそのアマダイを捕る延縄の技術がこういうところに応用されているのかもしれません。船一つ見ても佐渡島内の右櫓、左櫓という関連から面白いことがあるいは言えるのかもしれません。これも私の今後の課題です。この写真は（写真－9）アマダイの延縄です。

写真8　島根県沖泊の漁船

写真9　アマダイの延縄

●鬼太鼓のルーツ

時間がなくなってきたので、はしょってお話しします。次に佐渡の芸能というと鬼太鼓ということになります。鬼太鼓という言葉が生まれたのは相川だろうと思います。これは佐渡の民俗研究をされている本間雅彦氏の説でもあります。鬼太鼓という言葉が佐渡の文献に出てくるのは相川だと

鬼太鼓

3-1　鬼太鼓
　佐渡は能舞台の数が話題にのぼるが、鬼太鼓の数はもっと多い。

3-2　本間雅彦氏の研究によると「安永2（1773）年の『佐渡事略』の記事に、佐渡鬼太鼓は相川のシキ（坑内）から発生した。鬼太鼓は鉱山のカナコどもがタガネをもって舞ったのが始まり」→相川発生説がかなり信頼度が高いという。
［本間雅彦「島の鬼太鼓」『佐渡芸能史上』1977］

写真10　「ひなのてぶり」の図

3-5　幕末の頃の相川の鬼太鼓は赤い布で頬被りをした坑夫たちが代わる代わる太鼓を叩いている。豆蒔きは太鼓の先に踊るとあって、このころはまだ出し物としては別々に独立していたらしい。

3-6　三番叟の翁の舞台を豆蒔きと呼び、豆蒔きの翁は2匹の鬼をともなった追儺の形になっていた。

3-7　鬼太鼓と呼ぶ理由
「太鼓のほうは、江戸初期か中期に打ちはじめたころには装束を着けた鬼がいなかったと思われる。それを鬼太鼓と呼んだわけは、太鼓を奉行所のまえで打つときは素顔でなく鬼面をかぶるしきたりになっていたため、奉行などの目には鬼の打つ太鼓とうつったのではあるまいか」［本間雅彦前掲書］
川路聖謨『島根のすさみ』天保11（1840）年9月20日の項
「鬼太鼓と唱候杯も天下に二つなきもののごとく候」

3-8　相川に発生したとされる豆蒔系（相川系）の鬼太鼓は相川地区から沢根、二宮、八幡、真野、西三川にかけて真野湾沿岸に伝承される。→国中系に変わったところもある。

いうことです。それを〔3-2〕ところに書いてみました。本間雅彦氏の研究によると安永2年「佐渡事略」の記事の中から佐渡鬼太鼓は鉱山のシキ（坑内）から発生した。鬼太鼓は鉱山のカナコどもが鑿を持って舞ったのが始まりだということで、相川発生説というのはかなり有力ではないかということを『佐渡芸能史上』というところに書いておられます。

　皆さんのお手元には「ひなのてぶり」という奉行所の役人が書いたものの中からの挿絵を載せておきました（写真-10）。これを見ていただくと鬼が舞っていないというのがわかるのです。何が舞うかというと豆まきの翁、一番左側にいますが、これが忙しいしぐさで舞うのです。そしてなぎなたを持った鬼、そして太鼓打ちです。この太鼓を打つのがカナコ、鉱山で働いていた人です。それからこれは箱形の馬ですが、かけ馬と書いてあります。人がいっぱいいるので恐らくこれでよけたのでしょう。こういうのが描かれています。代わる代わるにカナコ（鉱夫）たちが太鼓を打っています。それからここに赤い頭を着けて鬼の面をかぶっているのがいます。それからさっきの箱形の馬を持ったものがいます。神輿がいます。それからこれはネブタなどと共通するのではないかと思うのですが、張子の大きいものがあります。或いは竿灯などもあったと思います。それから山車の類もあります。つまり言い換えれば日本の祭りを相川の祭りに読み替えることも出来るのではないかといえるくらい、いろんな要素が入ってきている。人の移動と交流がこういう祭りをもたらしているのではないかと思います。

　本間雅彦氏の説を借りるならば、普通は鬼は素面で面を被っていなかった、しかし奉行所に来てそういう役人たちの前で踊る時だけ鬼の面をつけ

たのではないか、というのです。それで鬼と太鼓という、そういう接点が出来たのではないかということです。

〔3－7〕に本間氏の鬼太鼓と呼ぶ理由というのを書いておきました。太鼓の方は江戸初期から中期に打ち始めたころには装束をつけたが、鬼がいなかったと思われる。それを鬼太鼓と呼んだわけは、太鼓を奉行所の前で打つときは素顔ではなく鬼の面を被るしきたりになっていたため、奉行などの目には鬼の打つ太鼓と映ったのではないかという推測をされています。川路奉行の書いた「島根のすさみ」という本がありますが、この中に「鬼太鼓と唱え候など、天下に二つなきものの如く候」など、ということを書いてありますから、やっぱり役人の前では、そういう目で写ったのかなということです。

● **能、狂言の伝統**

ですから鬼太鼓というのは、どうも言葉自体は相川から出ている可能性があると思います。しかし、これは越後などにはありません。これが現在相川の祭りで行われている様子です（写真－11）。佐渡市の教育委員会から提供してもらったものです。豆まきの翁がおります。それから鬼の面は被っていませんけれども、同じものがここにいます。これは子供たちがかわるがわる太鼓を打っている様子です。

こういうふうに現在の伝承から過去を探ることが出来るということは、佐渡ならではのことだろうと思っています。大変いい資料が残っています。これらをもう少し緻密に分析していくと佐渡とは何か、もっと言い換えると柳田國男ではないのですが、日本人とは何かという辺りまで繋がるのだろうと思います。

3－9　国中系鬼太鼓
4－0　番楽風（前浜系）鬼太鼓
4－1　鬼面の伝承－赤鶴吉成の面－
　　　世阿弥『申楽談義』「近江には赤鶴（さるがくぜ。鬼面上手也）」
　　　佐渡に残る鬼面　潟上の鬼太鼓の面
　　　真野町栗江の銘の鬼面→栗江一透
　　　佐渡の面打ち（面の制作者）は能楽と関わりがあるのか、今後の課題。
4－2　能舞台　現存する能舞台　33棟
　　　（太平洋戦争前の建築で、舞台のある神社など）

現存する佐渡の能舞台

両津市	佐和田町
①諏訪神社（原黒）	①白山神社（山田）
②住吉神社（住吉）	②二宮神社（二宮）
③本間家（吾潟）	③八幡若宮（下長木）
④諏訪神社（潟端）	真野町
⑤金峰神社（上横山）	①八幡若宮（四日町）
⑥熱串彦神社（長江）	②大膳神社（竹田）
⑦椎泊神社（椎泊）	③総社神社（吉岡）
金井町	④諏訪神社（豊田）
①羽黒神社（安養寺）	⑤熊野神社（静平）
新穂村	⑥大山祇神社（笹川）
①牛尾神社（潟上）	⑦小布施神社（西三川）
②熊野神社（武井）	⑧気比神社（椿尾）
畑野町	⑨白山神社（大倉谷）
①加茂神社（栗野江）	⑩塩竈神社（滝脇）
赤泊村	羽茂町
①白山神社（上川茂）	①白山神社（小泊）
②春日神社（三川）	②白山神社（滝平）
③徳和神社（徳和）	③白山神社（大崎）
	④気比神社（神村山）
	⑤草刈神社（羽茂本郷）
	⑥弓張神社（大橋）

写真11　善知島神社の翁
　　　　佐渡市教育委員会提供

佐渡の能舞台

真野町

　それから、佐渡は能舞台、能が盛んです。そういう能に使われる鬼の面の話をちょっとだけしておきますと、猿楽談義という中に近江の赤鶴というのが出ています。猿楽なり、鬼面上手なりと書いてあるのです。この世阿弥が書き残したものの中に出てくる赤鶴というのが佐渡にいたという言い伝えがあるのです。佐渡で沢山の鬼面を残したという言い伝えがあります。別人かもしれませんが栗江一透という名前でそういうものが残っているようです。鐘紡コレクションの中にも佐渡にいた赤鶴の作と呼んでいる面があったりしています。そんなことで佐渡にはそういう鬼面打ちの伝統があったのではないかと私などは考えています。現在佐渡にある能舞台は、これは私の確認ですから間違っているかもしれませんが33あるようです。新たに造ったものではなくて、太平洋戦争前から舞台としてあるもので、そこに分布図を掲載して置きました。
　これで不思議なのは、外海府や旧両津市の北と東、それから小木町には能舞台がないです。これはなぜか、これもやっぱり佐渡のそういう芸能を調べる上で大きな手がかりになるだろうと思っています。
　次に〔5-1〕鷺流狂言と出しておきました。日本では流派が絶えた、つまり家元の無い狂言の流派です。明治の初めまであったとされる狂言の流派です。この絶えたといわれる狂言がトキではないですけれども、佐渡に鷺流狂言として残っているのです。最後に残ったのが真野町ということで、今真野には佐渡鷺流狂言研究会というのがあり伝承活動を行っています。
　時間がなくて、簡略な説明になってしまいました。佐渡というのは金銀山の文化、それからそれ以前の文化、そういうものがどういうふうに重

― 66 ―

なっているのか、それを私どもは今行われている年中行事から、或いは芸能などから、ある程度探ることが出来る唯一の、私は日本でも非常に稀な地域だろうと思っています。私は退職まであと10年ですけれども、その間に出来るだけ佐渡を歩いて見て、聞いて、自分なりの佐渡の文化というものを考えていきたいと思っています。

　ご清聴ありがとうございました。

5－1　鷺流狂言
　佐渡へ伝えたのは葉梨源内（文政から天保4（1833）年に没するまで活躍）
　これとは別に真野町に伝えられていた。

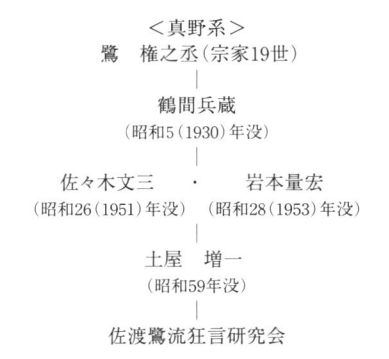

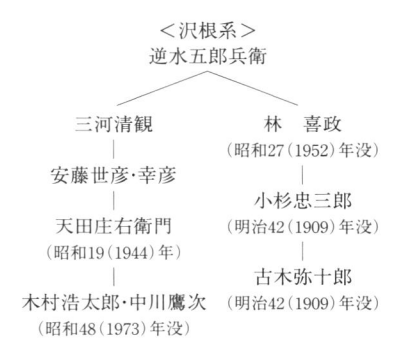

```
            ＜真野系＞
        鷺　権之丞（宗家19世）
              ｜
           鶴間兵蔵
         （昭和5（1930）年没）
              ｜
     佐々木文三　・　岩本量宏
    （昭和26（1951）年没）（昭和28（1953）年没）
              ｜
           土屋　増一
          （昭和59年没）
              ｜
        佐渡鷺流狂言研究会
```

```
            ＜沢根系＞
           逆水五郎兵衛
         ／          ＼
    三河清観         林　喜政
      ｜          （昭和27（1952）年没）
  安藤世彦・幸彦          ｜
      ｜            小杉忠三郎
  天田庄右衛門      （明治42（1909）年没）
  （昭和19（1944）年）       ｜
      ｜             古木弥十郎
木村浩太郎・中川鷹次  （明治42（1909）年没）
 （昭和48（1973）年没）
```

> 当日配付のレジュメより

民俗・芸能からみた佐渡の遺産

　　　　　　　　　　　　　　　　　　　　新潟大学人文学部教授　池田　哲夫

1．柳田國男と佐渡
　　1　石見左次右衛門との出会い
　　2　佐渡の旅
　　　① 1920（大正9）年6月
　　　② 1936（昭和11）年7月
　　3　柳田の関心
　　　① 海民の移住
　　　② 石見漁師の移住
　　　　・延縄漁の技術
　　　③ 倉田一郎の海村調査
　　　　『北小浦民俗誌』

2．民間伝書の会佐渡支部
　　1　『佐渡年中行事』と民俗研究
　　2　祭りと籠もり
　　3　忌みの日の伝承

3．鬼太鼓の謎
　　1　鬼のイメージ
　　2　佐渡金銀山発生説

4．能舞台
　　1　現存する能舞台　－　佐渡らしさ
　　2　能楽の演じ手
　　3　明治維新と能楽師等の来島
　　4　鬼面の上手也
　　　　面打ちのこと

5．鷺流狂言
　　1　家元のない狂言流派
　　2　佐渡での伝承系統

古建築からみた佐渡の遺産
－宿根木と相川の町並みと住宅－

昭和初期の相川町

古建築からみた佐渡の遺産－宿根木と相川の町並みと住宅－

新潟大学工学部　准教授　黒野　弘靖

　黒野です。建築学を専攻していますのでそういった視点から佐渡の魅力をご紹介したいと思います。

●他に例のない家並と町

　先ず建築の立場から見まして、一番魅力的で、大事だと皆が思っていますのは、個性がある、少なくとも日本の他のどこにも無いような町や集落がある、それが地域の文化として育まれている、そういったところが佐渡にあるということです。とくに宿根木と相川がそれに相当しますので、その魅力についてお話しします。

　先ず宿根木です。佐渡の南のほうの小木の近くにあります、今はわりと小さな集落になっているところです。ですけれども、これは大変特徴があります。空隙というか、ヴォイドというか、その何か囲われた空隙がきちんと確保されている集落です。日本では他に例を見ないような、そういった形が作られています。

　この写真が宿根木の上の丘のところから見ました風景です。向こうのほうに海岸があり、そして港があり、広場があり、家が山裾にひしめくように並んでいるというところです。これだけでしたら普通の漁村もそうなのですけれども、宿根木はそれだけではありません。連続屋根伏図は上から見た集落図です。この宿根木について当時の小木町の方が「宿根木　伝統的建造物群　保存対策調査報告、昭和56年、小木町」という報告書を出しておられまして、それから引用した図です。湾に

黒野弘靖（くろの　ひろやす）
新潟大学工学部准教授
1961年生、都市計画・建築計画
東京大学大学院工学系研究科博士課程単位取得満期退学（博士）
伝統的な集落や町並みを支えてきたしくみをフィールドワークにより分析し、再評価する。
『ヨーロッパの住居計画理論』（共著）丸善、『住まいを読む　現代日本住居論』（共著）建築資料研究社

入り江に向かう〈宿根木〉

火成岩で囲まれた入江

川が流れ込んでいて、そこに広場があって、路地があるというふうな造りになっています。

先ず湾のところは、港となっています。この宿根木は近世から廻船、日本海をずうっと廻っていく海運をしていた記録があって、そういったことで栄えていました。当時は都市であったとわかっているのです。この港のところには午前中に小林先生が玄武岩だとおっしゃっておられましたが、固まった熔岩で囲われた天然の良港で、外の波は荒れていてもここは穏やかな入り江となっています。

その入り江に面しましたところに、今は駐車場になってしまっている、垣根で囲われた広場があります。そしてその垣根を越えて入っていきますと、その中には路地が何本も通っているという構成です。

●特殊な建築様式

路地の特徴としては、塀がなかったり、或いは植栽、樹木が無くて、直接家や建物で囲いとられている空隙になっているところです。この写真は宿根木の路地の一つです。建物の外壁、杉の板で囲われています。建物は、主屋であったり、或いは蔵、24棟くらい土蔵があるのですけれども、外を杉板で覆われています。その全部がこの路地に面して、建物の外側の板壁が直接面しています。その結果、この路地の空間が囲い取られたようになっています。

芦原義信先生という、もう亡くなりました日本の建築の第一人者の方が『街並みの美学』（岩波書店、1990）という本を書かれ、そこにイタリアの路地空間の話が出てきます。建物と建物で囲い取られた路地の部分が、図と地の関係になっている。建物が絵になるのは当然のことながら、建物

入江に面した広場と風垣

で囲われたほうも単なる余りではなくて、まとまりのある地になっているという指摘をされています。そして、それがヨーロッパの路地空間の美しさの特徴であるという話が出てきます。イタリアの路地と宿根木の路地の写真を比べるとほとんど同じ構成、勿論壁が石か木かという違いはありますけれども、まったく同じ囲いとられた外部空間が出来ているとわかります。これが先ず特徴としてあるのです。

　連続屋根伏図では、黒三角で示した印が入り口の位置を示しています。それが路地の両側にあります。真向かいにならないように、この入り口の位置を取っています。あるいは引きをもって、路地からちょっと入り込んだところに入り口を取っています。さらに入り口の方向を曲げています。こうしてそれぞれの家に入ってきたり、家から出て行くときに他の家を覗き込まないように工夫されています。

　「建築空間の構成」は、報告書に出てくる間取りです。入っていって真っ直ぐの正面に部屋があるのではなくて、オマエといわれる接客と家族の集まり部屋が、入り口から鍵の字に曲がって入るようになっています。これはどの家も共通していて、短い距離の中でもプライバシーを守る工夫がなされた間取りや路地になっているのです。

　路地に面する建物は、母屋や付属屋によらず統一された素材にしていて、全体で一つの雰囲気の路地になっています。土蔵は土で防火のために作るのですが、その外側にサヤと呼ばれる杉の板壁を廻して、路地沿いの建物の素材が揃うようにしています。しかもはっきりと公私の境界を板壁1枚で分けるようにしています。川沿いの写真をみても道をはっきりと壁で囲い取ってみんなの通る場所をつくっているとわかります。

建物で囲い取られた路地

建物で囲い取られた路地と称光寺川

漆塗りの差鴨居と建具で囲われたオマエ

●庭を造らず2階中心

　路地に面する家にも特徴があります。それは庭を持たないということと、3部屋が全部2階建てになっているという造り方です。その2階のほうにザシキがあります。普通日本建築の場合、ザシキは庭と一体に造るのですけれども、宿根木の場合はわざわざ2階にして、人寄せの場合に使いました。江戸時代の終わり頃からこういうつくり方がされたとわかっています。庭は無くても、2階に一番広い部屋として座敷を作っています。

　一方、1階は入り口から土間を経て上がってくると、囲炉裏のある部屋があります。この部屋を吹き抜けとして天井を高くし大きな窓を開けています。家全体の中心になるような部屋として作っています。

　漆塗りのオマエという写真は、ナンドという寝室側の境をさしています。杉板に朱漆を塗り、1階床も朱漆で光っています。鴨居より上は、土壁に木組みが見える造り方をしています。別のお宅でも、2階の座敷をオマエのほうに張り出しています。その天井裏根太や板に朱漆を塗って1階部分は全体に一まとまりの囲われた感じの部屋にしています。そして吹き抜けの上部が絞られているという迫力のある部屋としています。2階に上がった時は見下ろせるような造り、非常にモダンな、その他のどこにも無いインテリアとなっています。朱漆を塗るだけでしたら、新潟県の他の町家にもありますけれども、オマエの空間が絞られた形で縦長に伸びていくものは、この宿根木にしかない特徴なのです。

　「建築空間の構成」を見ますと真ん中のところに吹き抜けになったオマエがあって、そこに張り出すように2階のザシキがあって、オマエからどの部屋にもいけるという作りになっているとわかり

オマエ上部の絞られた吹き抜け

二階にあるザシキ

ます。小木町が昭和56年に出された報告書に載っています。もともと平屋建て3部屋の住宅があり、18世紀から19世紀に2階が出来ていった。弘化年間の水害の後に家を建て替える時に吹き抜けのあるオマエが定型化されたというプロセスがうかがえます。江戸時代の終わりになって廻船業というのが大変盛んになって人口や住宅の密度が高くなっていった時に、同時に空隙を作り出すようなつくり方が生まれてきた。それは互いに迷惑をかけない高さに建物がなっていた。しかもお互いを見通せないように、開口部は前面のみに設け、他の家を見透かすような窓は開けない。入り口を道から遠ざけ、基本的に外に対して閉ざす作り方です。つまり個を尊重する、どっちかといえば今風なつくり方が早くからあった。その一方で2階を多くの人が集まる接客室や寝室として、内部の充実を図っていったということです。

　確固たる個人の世界があって、それに対応するものとしてオマエの朱漆を塗った吹き抜けの空間があります。そういうインテリアの様式は宿根木のどの家にも共通しています。けれどもその形は日本のどこの集落にも無いのです。

　こうした特徴的なつくり方はある誰かが造ったものではなくて、代々の暮らしのなかで育まれ出来てきたものです。平成2年に小木町で歴史的景観条例というのを制定されて、その後で翌年に、文化庁の伝統的建造物保存地区にそれが選ばれています。その後に風垣を作られたり、改修して看板をつけ、中を公開している住んでいない家もあれば、お住まいになっていて改修されている家もあります。もともとのこの集落や家の特徴を踏まえた形を受け継ぐようにして整備されています。外壁は木造なので防火用水を作ったり、最近では中学生が夏休みにボランティアで案内したり、も

たたき工法でつくられた大間港

京町の住宅〈相川〉

ともと宿根木であった建築に現れた文化を大事にして知らせていこうとしておられます。

●「うえとしたのある都市」相川

　もう一つ相川についてです。この建築的な特徴といいますと「うえとしたのある都市」となります。これについても「金山の町　佐渡相川　伝統的建造物群保存地区　保存対策調査報告書、1993年、相川町教育委員会」という報告書に詳しく述べられています。午前中に田中先生がお話しされましたとおり、最初は上相川という、金銀山の鉱山の近くに町ができました。慶長8年（1603）に大久保長安が来て、その時に台地と浜と海をつなげて全体の都市計画がなされました。それが今も骨格として残っています。400年以上前の骨格は今行ってもわかるようになっていて、特に地形とか自然とかいうところに大変よく現れています。これが相川の、日本の他の町に無い特徴です。

　例えば奉行所は、尾根筋と海岸線との接点の台地の突端にあって全体を見晴かすというか、睥睨（へいげい）するようなところにあります。寺はその台地と浜を繋ぐ山際のところにあって、そして海に面した5つの川が、町人地の元になっています。上相川は、金鉱山の近くにありました。それに対して大久保長安は台地の上に武家地区をつくり、その端に奉行所をおき、下の海岸線沿いに町家の並ぶ町人地を作りました。町人地は5つの川沿いに発展していきました。その構成が今もわかるのです。

　台地の上はもともと武家の人や、或いは鉱山で働く人たちが住んでいたところです。そこには現在、間口が広くて奥行きが浅い住宅が残っています。江戸時代のものがそのまま残っているということではありません。そうした作り方の雰囲気をとどめた、明治時代のものは幾つもあります。鉱

大工町の住宅〈相川〉

海沿い町人地に建つ町家

山で働いている人、鉱山労働者のことを相川では大工と言います。そういう人が住んでいた住宅は、奥行きが短くて裏が畑になっています。図面をみると尾根筋に面した道に沿って住宅を建て、奥行きを短くして後ろに広く庭や樹木がある作り方をしているとわかります。

●家のつくりに採光や通風の工夫

　一方でその坂の下の海岸線沿いの方には商人の町があります。それは五つに分かれています。それは上の町とは違い、間口が狭くて奥行きが長い敷地です。家の内側を通り抜けるトオリニワがあります。これは他の町でも見られる間取りです。相川では道側の2階に座敷を設け、張り出すようにしています。宿根木では幕末に2階に座敷を造るようになったと申しました。小木町に相川と同じ形式がありますので、小木の町家を横目で見ながら宿根木の2階座敷がつくられていったのではないかと考えられています。

　町家は両隣が接していて奥行きが深いので、真ん中の部屋に採光や通風をとるために上に天窓を設けて、そこから光や通風を確保する造りになっています。イロリのある部屋には朱漆が塗られていますけれども、宿根木のように2階を内側にせり出すような独特の形は見られません。相川も小木も町家の形式としては共通しています。

　うえの町としたの町を繋ぐ斜面についてです。台地北側の斜面は明治以降に大規模に開発されました。つまり金銀山が官営化され、主に金を採ることが目的となり、明治18年に御陵局の管轄になって大島高任（おおしまたかとう）という技師がそこで最新の技術を試みました。そういったものは残っていて、例えば大間港では今のコンクリートが出来る前の、たたきを石の間に詰めて作る護岸の造り方が今も

大工町の住宅の裏庭

土壁で囲われた町家のチャノマ

北沢の火力発電所と選鉱所

照葉樹林を背にした寺院

建物が直接面する長坂

残っています。

　明治29年になると、三菱会社に払い下げということになって今に続いています。もっと大きな火力発電所とか、選鉱場とか或いは働く人のための病院とか、そういう社会施設、福祉施設も造られていきます。北沢という、台地の北側の濁川沿いの斜面には、明治の終わり頃に煉瓦造の火力発電所や昭和に鉄筋コンクリート造の浮遊選鉱場が造られました。今までの町の骨格を壊して造られたわけではありません。

　そのようにして自然と地形とを生かして相川の町が、400年間発展して来ました。そういう都市の骨格は今も見ることが出来るし、それを見ると町の変化をたどることが出来る、そういう町は日本にほとんどありません。それはもともとの骨格が優れていたことを示していると思います。

●住居や坂道自然までも文化遺産

　うえの町としたの町を繋ぐところには、坂があります。その坂には特徴的な自然があります。それはタブとかシイのいわゆる照葉樹林で、日本人のふるさとの森みたいなもの、鎮守の森になっていたり、或いは海から見たときの目印になるような黒々とした森となっています。本州では新潟県の中越地方が北限です。相川は緯度でいうと新発田市よりももっと北のほうですが、暖流の関係で照葉樹林が育ち、お寺の背後にあったり、近代的施設の周りにあったりします。一つのお寺を見ても、その後ろのほうはタブの林になっていて、斜面ですので下の町人地の方から町の輪郭としてはっきり見えています。

　この斜面には坂が幾つかあります。長坂は、真っ直ぐな一番急な坂です。全部石階段になっています。坂の上から見ると大変眺めがよく、海や

— 78 —

夕日を見下ろせる坂です。住宅は坂に直接面する建ち方をしています。別のもうちょっと緩やかな坂ですと、住宅には塀があります。塀から前庭があって住宅があって、その住宅に入ると後ろ側にずうっと斜面の植栽や、その向こうの海が広がっています。

　そのようにして相川町の場合には文化遺産というものが、住居だけではなくて坂道ですとか、或いはそこから見る景色、そこで眺められる植栽、或いは食べ物も、これも先ほどお話に出てきましたけれども、近くで美味しい魚が取れるとか、或いは芸能も独自のものがあると、そういうものと一体になって、それぞれが町のなかで位置づいているというところが特色です。それは、日本の他の街には無いものです。

　相川の場合には鉱山町という特殊な労働条件があったわけですけれども、その鉱山の近代以降の資料については、近年になって新潟県が文化財に指定されました。和紙に書かれた図面としてみても美しいものですけれども、ゴールデン佐渡が大切に保管しておられます。

　現在では鉱山自体はあまり稼動していないのですけれども、街としては生活の拠点としてのその街の骨格というか、構造が残っているわけです。その結果現在お住まいの方がそこに普通に生活しておられて、そして港も近くて山もあって自然も感じられてという大変コンパクトな住み易い都市というふうな一面も持っているのです。ここでご紹介しました宿根木も相川も、両方とも今お住まいの方々がおられて、永い歴史がある中でその特徴のある街や、あるいは住宅が育まれてきたのです。そしてまだ過去の遺物ではなくて、今もそこにお住まいになっている方のなかには、そのくらしを大切に受け継いでいこうとされている人もお

塀が面する紋平坂

前庭をもつ住宅

裏庭越しに広がる海側の眺望

られます。そのように単に建築が昔の形をとどめているだけではなくて、人の生活があっての建築となっている、文化となっていることが極めて大事であり、建築の立場から見ますと、他にはない、貴重な、素晴らしいことだと思います。また、他から訪れた人たちもそれを感じられるということなのです。

　以上古建築の中で、主に住居や町並みということで、日本の他にはない例として宿根木と相川を紹介させていただきました。話だけではなかなか伝わりにくいところもあろうかと思いますので、ぜひ機会がありましたら行かれてご覧になられれば私の話よりよほど素晴らしさが伝わってくると思います。

　以上で私の話を終わりにしたいと思います。ご清聴ありがとうございました。

> 当日配付のレジュメより

古建築からみた佐渡の遺産　宿根木と相川の町並みと住宅

新潟大学工学部准教授　黒野　弘靖

■　集落の個性、都市の個性

■　海運都市・宿根木の町並みと住宅
　　　空隙（ヴォイド void）が確保されている集落
　　　広場と港
　　　路地：山下小路、中町小路、世捨小路、かすがい小路
　　　　　　塀がない、植栽がない
　　　　　　向き合わない入口　引きを持つ入口　鍵の字のアプローチ
　　　　　　他人の家の主屋や付属屋（ナヤ、クラ）とで囲われる空隙（ヴォイド）
　　　　　　　　サヤにより統一された杉の板張り
　　　　　石の基礎、称光寺沿い　御影石の橋とコンクリートの階段
　　　　　欧州の路地空間

　　　オマエ：杉戸で囲われた吹き抜け　動線の要　高窓　上方からの採光
　　　　　　　L字形の下り天井　座敷は2階　座敷庭がない　坪庭がない
　　　　　　　上下方向に広がる　屋内の中庭としてのオマエ
　　　契機としての町屋　小木
　　　弘化3年（1846）の水害

　　　例を見ない都市住宅の型
　　　　　密度を高くすることにより、空隙（ヴォイド void）をつくりだす。
　　　　　個の尊重
　　　　　コミュニティの実体化

　　　平成2年（1990）小木町歴史的景観条例制定
　　　平成3年（1991）伝統的建造物群保存地区選定
　　　　　鉄筋コンクリート造レストハウスの撤去　風垣　海岸遊歩道　防災用貯水槽

連続屋根伏図
「宿根木　伝統的建造物群保存対策調査報告」
新潟県佐渡郡小木町　昭和56年（1981）p.38

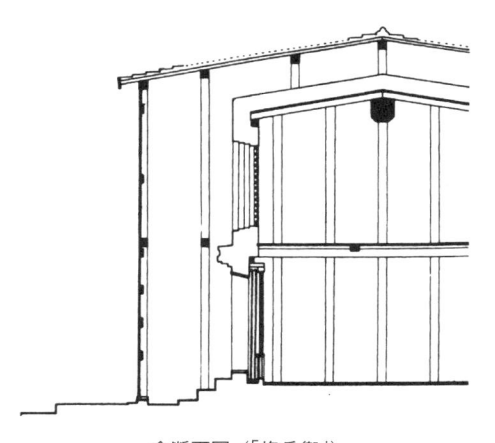

倉断面図（「権兵衛」）
「宿根木　伝統的建造物群保存対策調査報告」
新潟県佐渡郡小木町　昭和56年（1981）p.16

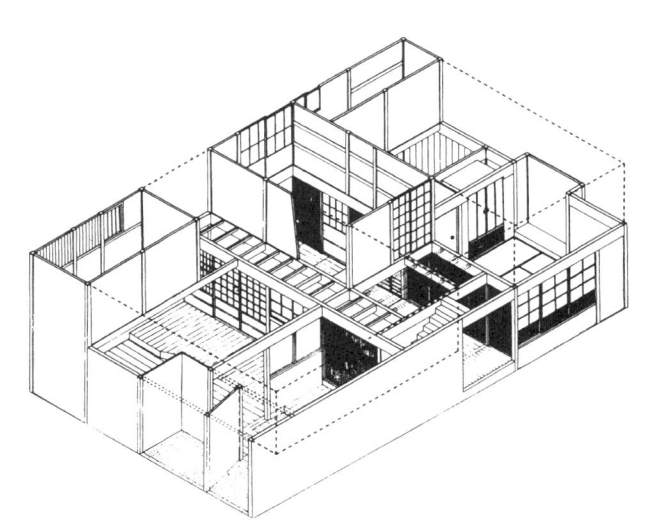

建築空間の構成（「浜上」）
「宿根木　伝統的建造物群保存対策調査報告」
新潟県佐渡郡小木町　昭和56年（1981）p.31

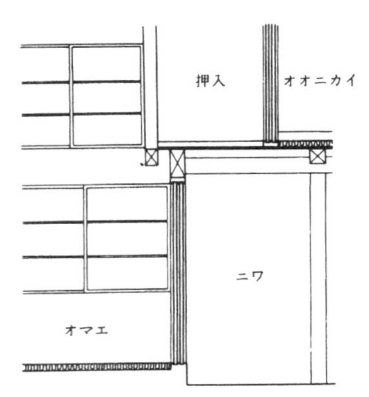

オマエ迫り出しの意匠（「次郎平」）
「宿根木　伝統的建造物群保存対策調査報告」
新潟県佐渡郡小木町　昭和56年（1981）p.35

■　鉱山都市・相川の町並みと住宅

■　うえとしたのある都市
　　　慶長5年（1600）開山　上相川　金山近くの沢沿い　採掘から精錬まで
　　　慶長8年（1603）大久保長安の都市計画：台地・浜・海を付加する
　　　　　　　　　　　　　奉行所　尾根筋と海岸線との接点　台地の突端
　　　　　　　　　　　　　寺　台地と浜をつなぐ山際
　　　　　　　　　　　　　5つの川
　　計画的な町割と住居の類型
　　　　　尾根筋の大工町　採掘労働者　精錬作業者
　　　　　尾根筋の京町　間口5間　奥行き15間　役人　病院長
　　　　　海岸線の羽田町、石扣町、小六町、材木町
　　　　　　　間口2間半　奥行き8間半　2階の張り出し　マエニカイに座敷
　　　　　斜面の長坂町　家大工

　　近代化遺産
　　　　　明治2年（1869）官営化
　　　　　明治18年（1885）御料局　大島高任　高任坑、間ノ山搗鉱精錬所、大間港
　　　　　明治29年（1896）三菱合資会社　火力発電所　浮遊選鉱場　病院

　　地形と自然を活かして発展を続ける
　　都市の骨格を残す　町の変化をたどることができる
　　　　坂、植栽　タブ・シイ（照葉樹林　鎮守の森　山あての森）
　　　　大安寺、妙円寺、西坂のタブ林
　　　　北沢のスダジイ

　　住居、道、景色、食べ物、芸能　特殊な労働（鉱山町）
　　生活の拠点としての町の構造
　　生活環境の向上　コンパクトな住みやすい都市

宝暦期の相川都市施設「金山の町佐渡相川　伝統的建造物群保存地区保存対策調査報告書」
相川町教育委員会　1993年　p.14

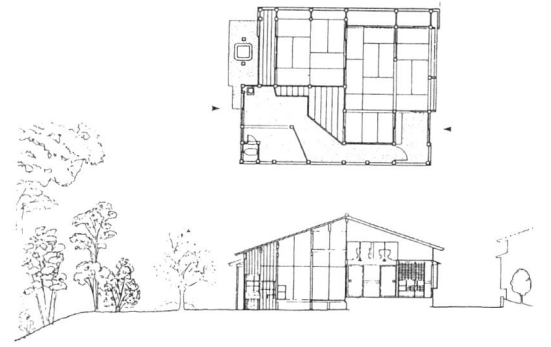

大工町の鉱山関係者住宅「金山の町佐渡相川
伝統的建造物群保存地区保存対策調査報告書」
相川町教育委員会　1993年　p.72

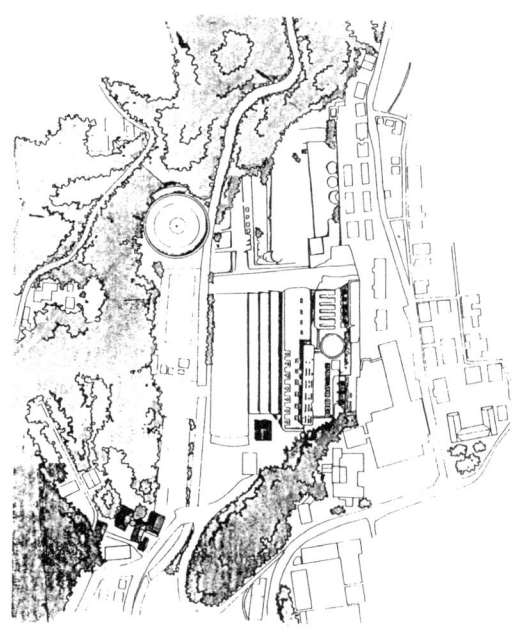

北沢の鉱山遺構配置図「金山の町佐渡相川
伝統的建造物群保存地区保存対策調査報告書」
相川町教育委員会　1993年　p.87

石扣町の町屋「金山の町佐渡相川
伝統的建造物群保存地区保存対策調査報告書」
相川町教育委員会　1993年　p.66

考古学からみた佐渡の魅力と
エコミュージアム構想

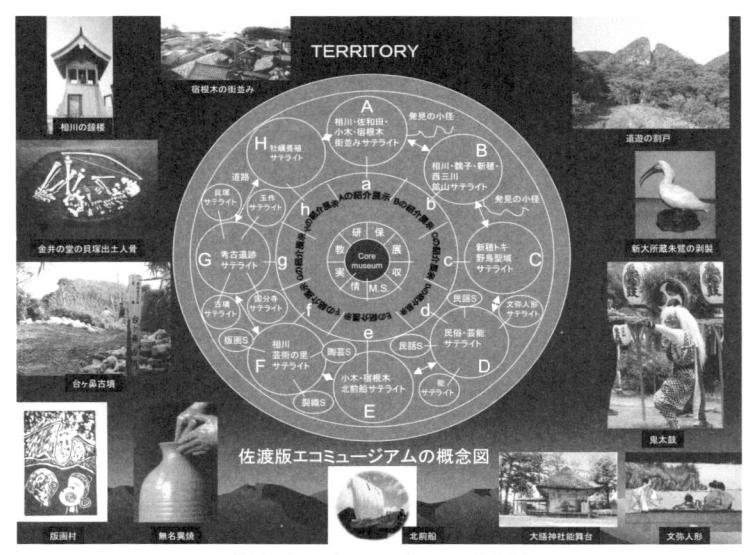

佐渡版エコミュージアムの概念図

考古学から見た佐渡の魅力とエコミュージアム構想

新潟大学人文学部　教授　橋本　博文

橋本ですよろしくお願いします。

私の専門は考古学ですが、今日は欲張りまして、考古学のお話と博物館学に関連するような視点からのお話の二つを話させていただきます。

さて今日のテーマは「佐渡を世界遺産に」ということなのですが、初めからお断りしておかなければいけないのですが、直接佐渡金銀山を中心とした考古学的なお話は今日はできません。それで佐渡金銀山前史といいますか、それにいたる佐渡の歴史の中で私の立場から非常に興味深く思っている遺跡や遺物などをご紹介して、その佐渡の魅力的なところをご紹介するということに留めさせていただきます。それと木に竹をつぐような話になるかもしれませんが、そういう考古学的な遺跡や遺物などだけではなくて、今まで私の前にお話ししてきてくださった各先生方には様々な学問分野があるわけですが、そういうところの成果などをひっくるめた見方で、佐渡全体を捉え直したらどうなのかというお話、その地域振興的な視点から佐渡が丸ごと博物館だというお話をさせていただきます。

最初に考古学から見た佐渡の魅力というテーマです。佐渡に人が住み着いたのは今からおよそ一万七千年から二万年位前と考えられます。確実なところの数字は分からないのですが、縄文時代以前に遡りそうな石器が一点、小木半島の方から見つかっております。発掘調査によらないのでわからないのですが、ナイフ形石器といわれるものです。これに関しても諸説がありまして、もっと新

橋本博文（はしもと　ひろふみ）
新潟大学人文学部教授
1953年、考古学
早稲田大学大学院文学研究科博士課程後期単位取得満期退学
日本古代国家成立過程を古墳や豪族居館から探る。
『現代の考古学　6巻　村落と社会の考古学』（共著）朝倉書店、『列島の古代史』第1巻（共著）岩波書店

小木・長者ヶ平遺跡出土ナイフ形石器

堂の貝塚6号人骨出土状態

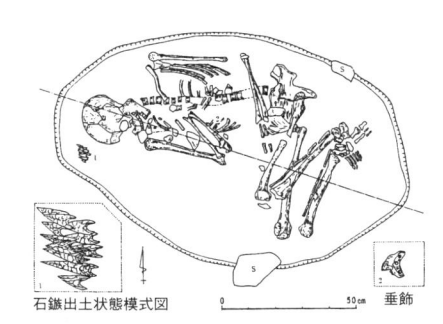

堂の貝塚第6号人骨
頭部付近からの石鏃13本と、胸部付近からのイタチザメの歯製ペンダント1点が出土している屈葬人骨である。

佐渡汽船両津埠頭土産品の赤玉石

しい石器でないかと疑っている研究者もいらっしゃいます。

● 佐渡の貝塚から出土する縄文人骨

　確実には縄文時代から佐渡には人が住みついていたわけですけれども、その中で縄文時代においては、この越後側といいますか、こちら本州側に比べてより多くの縄文貝塚が見つかっております。この日本列島は大体火山列島ですから酸性土壌でありまして、普通ですと遺跡では骨が融けてしまって出てこないのです。ところが、貝塚は貝殻に含まれている炭酸カルシウム成分によってアルカリ質の環境となり、骨が非常に残りのいい状態で出てきます。

　佐渡には、三宮貝塚とか堂の貝塚、藤塚貝塚といわれる有名な貝塚があるのですが、そういうところの発掘調査で人骨が出てまいりまして、1980年に亡くなられました本学の新潟大学医学部第一解剖学教室の小片保先生がその鑑定等に関わられました。そして、そういう標本類が現在、新潟大学の医学部に伝わっております。そのうちの一部は私どもの「あさひまち展示館」のほうで展示しております。

　そういうことで佐渡を特徴付けるといいますか、そういう貝塚ないしは古人骨があるということです。

● 弥生時代に管玉をつくる高度な技術

　縄文時代はそのくらいにしまして、続いて弥生時代に飛んでまいりますが、弥生時代になりまして特徴付けられるものとして、鉄石英製の管玉があります。鉄石英というのは学術用語ですが、先ほどもちょっとお話にでてきましたけれども、赤玉石といわれる、お土産品などで皆さんのお宅の

庭先とか玄関先などに飾ってある家もあるかもしれませんが、赤っぽい石を磨いてある石があると思います。そういう石で作った直径が3、4ミリという非常に細い竹の管みたいな管玉という玉が、弥生時代の中期を中心として作られております。この両津の東海岸に「赤玉」という地名も残っておりますけれども、そういう佐渡を特徴付ける岩石の一つで製作されています。全国各地から出土していますが、そのすべてがすべて佐渡から全部供給されたとはいえないのであります。今年4年生でこの問題を卒論でやっている学生もいるのですが、その成果によりますと、一部は佐渡でない違う地域で作った管玉もあるそうです。長野県などは非常に多いのですけれども、それと飛んで東京湾岸といいますか、房総半島から東京、神奈川にかけて、さらに静岡の方からも出ております。非常に遠隔地の、北海道のほうからも出土しています。西の分布はこちらの山陰地方になります。そういう非常に広範囲から、多くは佐渡産と推定される細身の管玉が出ております。

現在でもそういう細い玉を作るのは非常に困難を極めるわけなんですが、当時のそういう優れた技術で作られているということは、佐渡として誇ってもいいのではないかなと思います。それで因みに今私がここにネクタイピンをしておりますけれども、これが鉄石英、赤玉石のネクタイピンです。佐渡で買ったもので大変気に入っております。

これから本題になりますが、最近の佐渡の発掘調査で非常に注目される成果が上がってきております。先の玉類が出ている遺跡は大体国中平野と言われている平地部を中心として発見されております。新穂（にいぼ）の玉作遺跡群というのが有名なのですけれども、そういうところにあります。

1. 北海道・大川123号土坑墓（4）
2. 北海道・大川620号土坑墓（3）
3. 岩手・常盤広町土坑墓（11）
4. 宮城・下ノ内浦15号竪穴
5. 群馬・有馬7号墓SK389（2）
6. 〃　　2B号墓SK45（1）
7. 〃　　2B号墓SK54（1）
8. 〃　　6号墓SK440（1）
9. 〃　　11号墓SK435（1）
10. 〃　　12号墓SK425（1）
11. 〃　　24号墓SK451（1）
12. 千葉・石場3号方形周溝墓（1）
13. 千葉・田向南10号住居
14. 〃　・六孫王原50号木棺墓（5）
15. 〃　・御林跡34号主体（1）
16. 〃　・小田部新地28号土杭墓（2）
17. 〃　・向神納里30号方形周溝墓（1）
18. 〃　・庚申塚1号方形周溝墓（8）
19. 〃　・常代1号円形周溝墓（3）
20. 〃　・常代15号円形周溝墓（1）
21. 千葉・大井戸八木1号土坑墓（1）
22. 〃　　　1号方形周溝墓（3）
23. 東京・丸山東4号方形周溝墓（3）
24. 〃　・田園調布南1号方形周溝墓（4）
25. 神奈川・峰1号方形周溝墓（1）
26. 長野・根塚（31）
27. 〃　・牛出古窯5号住居跡内埋葬（5）
28. 〃　・栗林（8）
29. 〃　・光林寺裏山（71）
30. 長野・本村東沖3号木棺墓（15）
31. 〃　・松節77号住居内合口壺棺（1）
32. 〃　・篠ノ井203号土器棺墓（1）
33. 〃　・社宮司（17）
34. 〃　・桟敷（25）
35. 〃　・天王垣外（132）
36. 静岡・愛野向山Ⅱ・B区2号円形周溝墓（3）
37. 〃　・C区11号木棺墓（2）
38. 〃　・北山1号方形周溝墓（1）
39. 〃　・芝本H・1号方形周溝墓（3）
40. 石川・山王丸山32号土坑（103）
41. 〃　　　31号土坑（10）
42. 〃　　　6号土坑（1）
43. 〃　・細口源太山8号方形周溝墓（2）
44. 福井・西山3号方形周溝墓（1）
45. 鳥取・宮内5号土坑墓（1）

（　）内は点数

鉄石英製管玉出土分布図

●蔵王遺跡からの画期的な発見

　その次の古墳時代に入ります。いまのところ佐渡では古墳は見つかっているのでありますが、佐渡で一番古い古墳とされているものはこの二見半島の先端、ここに灯台がありまして、その下のところの端に台ヶ鼻古墳という古墳があります。小さな古墳なのですが、この古墳が今佐渡で見つかっている古墳の中で最も古い古墳とされております。この古墳は一部技術に北朝鮮といいますか、そういう朝鮮半島からの系譜を引きつつ北部九州ないしは若狭とか、能登、そういうところを経由して伝播したと考えられる横穴式石室という、横からお棺を搬入する部屋を設けた古墳で後期古墳であります。時期的には恐らく6世紀前半代の古墳と考えられます。

　それを遡る古墳時代中期ないしは更に遡る古墳時代前期といわれる時期、3世紀、4世紀、5世紀代の古墳がないのかということですが、この佐渡を発掘しますと3世紀、4世紀、5世紀代の土器が集落遺跡から出てまいります。そういう集落に住んでいた人たちを納めた墓が造られなかったのかということなのですが、そこで最近注目される成果がありました。

　それは国中平野の朱鷺がいるところ、先ほどの弥生時代の玉作を集中的にやっていたところであります新穂に蔵王遺跡という遺跡がありまして、それが数年前に地元で発掘調査されました。道の範囲を発掘してまいりましたら、建物の跡が見つかりました。非常に変わった構造の建物も含まれておりまして、その中で注目される建物はこの5号掘立柱建物といわれる建物と、6号掘立柱建物といわれるものであります。掘立柱建物というと掘っ立て小屋というイメージで、非常に粗末な建物のように皆さんは想像されるかも知れません

台ヶ鼻古墳石室

新穂蔵王遺跡遺物出土状態

― 90 ―

が、弥生時代、古墳時代においては、掘立柱建物というのは基本的には竪穴住居などよりも、より高級な建物ないしは特殊の建物などに使われた建築様式であります。

　そういう掘立柱建物が弥生時代の終わりないしは古墳時代前期に遡ると考えられます。これは土器が出てきているのですが、ここで見つかっている土器は、千種式と昔言われていた土器で、先ほど基調講演をしていただきました田中圭一先生のご郷里の金井町の千種という遺跡が有名なのです。そこを標識遺跡として名づけられた土器型式名ですが、そういう土器が出てきております。古墳時代前期段階の土器で、今まで4世紀とされていたものですが、3世紀から4世紀にかけての土器と考えられます。

　そこで先ずこの5号掘立柱建物というのが注目されます。これは、木がレール状に敷かれておりまして、その上に柱を載せるわけです。その周囲から青銅製の鏡が2面、それと青銅製の鏃、銅鏃(どうぞく)と呼んでいますけれども、そういう物が出てきています。又近辺からは鳥形の土製品なども出土しているようです。そういう特殊な遺物が出てきているということであります。

　当時、青銅製の鏡というのは中国から主に入ってくるわけですが、朝鮮半島にも特殊な青銅製の鏡があります。けれども、基本的には中国鏡、中国の後漢の鏡を真似て日本で作る段階になるわけで、そういうような鏡がこの辺から出てくるというのは注目されます。

　それともう一つ注目されるのは、6号掘立柱建物です。これは変わった形で亀甲形といいますが、亀の甲羅のような格好をした柱穴の並びで、棟木を支える棟持ち柱が妻の壁から外側に出て立っているという、特殊な建物跡が見つかってお

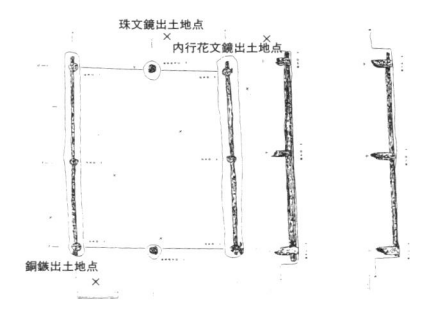

蔵王遺跡　5号掘立柱建物跡平面図

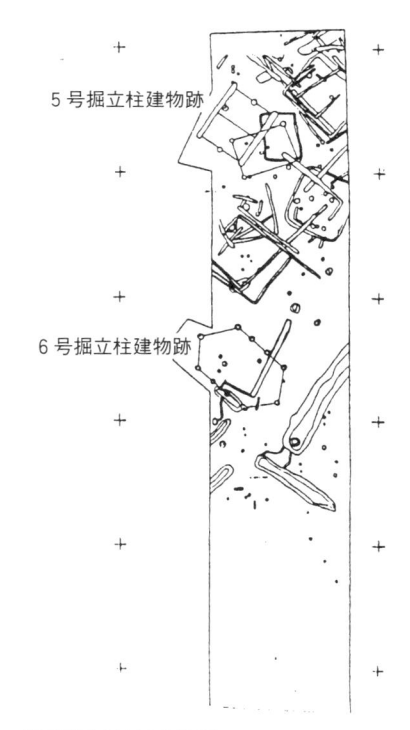

蔵王遺跡調査区全体図
小川忠明　1998「『新穂村蔵王古墳集落遺跡』」『新潟県考古学会　第10回大会研究発表・調査報告書要旨』：41－52　新潟県考古学会

－ 91 －

ります。こういうのを専門的には独立棟持ち柱を有する掘立柱の建物と呼びます。

●白山神社にも似た建築様式

これとよく似たものは実は現存しておりまして、皆さんの身近のところで、それを見たいということでしたら今日のうちに見られます。どこに行けばよいかというと新潟市役所の隣に白山神社がありますが、そこへ行けば見ることができます。伊勢神宮の式内遷宮では20年に一回、お宮を造り替えるのですが、白山神社では、その時の廃材といいますか、それを譲り受けてきて建物を移築して保存しているわけです。そういう倉が白山神社の境内にあります。「御稲御倉」と書いて「みしねのみくら」というのですが、稲倉です。稲倉というのは、単に穀物を入れるだけではなくて、翌年の命を再生させる種籾を貯蔵するということで、非常に祭祀性を帯びた倉でもあるわけです。それが弥生時代の土器とか銅鐸とかにも描かれているわけでありまして、そういうものと共通してくるという点で注目されます。

伊勢神宮から移築された御稲御倉（白山神社）

●卑弥呼の時代とリンクする鏡

次に、出土した鏡を検討してみたいと思います。まず図１は、ほぼ丸々出てきますが、内行花文鏡という鏡です。図２の鏡は破片でありまして、こちらは珠文鏡という玉状の紋様が連なっているものです。内行花文鏡というのは連弧文です。こういう弧線が八つほど繰り返されております。この鏡の全体を見てみます。

これが内行花文鏡の全体であります。ちょっとここに傷がありますけれども、ほぼ完形で出て来ています。これはさっき言った八つの弧を連ねた連弧文であります。この鏡のモデルは後漢の「長

宜子孫」銘内行花文鏡と呼んでいる「長く子孫に宜し」という吉祥句の漢字がちりばめられた後漢の鏡があるのですが、それをかなり忠実に模倣して日本で作った初期のものです。この鏡とそっくりの鏡が隣の群馬県高崎市の芝崎蟹沢古墳から見つかっています。その鏡と一緒に芝崎蟹沢古墳からもう一つの大きな鏡が出土しています。その鏡は三角縁神獣鏡（さんかくぶちしんじゅうきょう）と呼んでいる鏡で銘文があります。漢字で書かれております。そこには年号が鋳出されておりまして、一文字、冒頭の文字が欠けているのですが、その次の二文字目が「始」という字、そして元年と続きます。すなわち、「□始元年」と書いてあるのですが、それと同じ鋳型で作ったと考えられる鏡が、他に日本列島では3面ほどあります。そちらから類推しますと、そこの最初に入って来る文字は漢字の「正」という字であります。それで「正始元年」と年号が読めるわけです。

　この正始元年という年号は日本の年号ではなくてお隣、中国の魏（ぎ）の国の年号であります。この魏の正始元年というのは西暦に直しますと240年という年代になります。240年という年代を聞いて皆さんの中にはちょっと驚かれる方がいらっしゃるかもしれません。例の卑弥呼さん、邪馬台国女王という言い方もしますが、私は倭国王卑弥呼と考えているのですが、その卑弥呼という人が魏に使いを送った年が西暦の239年、魏の年号でいいますと、景初3年という年になります。即ち卑弥呼が魏に使いを送った年の翌年の紀年銘を持つ鏡が群馬県の柴崎蟹沢古墳から見つかっていることになります。そしてその鏡と一緒に出てきた内行花文鏡とそっくりの鏡があるわけですが、そういうようなことから、リンクしてまいりますと、卑弥呼さんと関わりのある時期の鏡が佐渡からも見

図1　蔵王遺跡出土・内行花文鏡
（直径10.5cm）

図2　蔵王遺跡出土　珠文鏡
（直径6.4cm）

つかっているということになります。

　因みに卑弥呼が亡くなったのは何時かということですが、はっきりわからないのですけれども、文献のほうから3世紀の中頃247、8年ごろだとされております。が、実はこの蔵王遺跡ではもう一つ重要なことが判明しています。先ほど遺跡を掘って掘立柱建物の遺構と木材が出てきたと言いましたが、その年輪年代測定というのが行われました。年輪を一本一本数えていって、それで何年にその木を伐採したかというのが分かるわけです。そういうのに耐えうる資料が出てきておりまして、その年代が3世紀の末、390年ごろという年代が求められてきまして、この鏡の年代とか、付近から出土した土器の年代とかが合ってくる可能性が高いということであります。そういうことで非常に注目しているということであります。

●宮内庁に伝わる鹿伏山の遺物

　もう一つ佐渡で私が注目しているのが、それとの関わりで、実はもっと古くから見つかっていたものなのですが、皆さんお手元の資料に載せておきました。これは宮内庁の書陵部で所蔵しております、伝・佐渡市鹿伏山出土の遺物であります。東京の皇居の中に宮内庁があるわけですが、そこで今これを持っております。これは正直言いまして本物を写真に撮ったものではなくて本物からレプリカを起こしてそれを写真に撮ったものであります。本物は写真がとりづらいのですけれども、これはレプリカでして、この前新潟大学の予算で作ったものです。車輪石と呼んでおりまして、古墳時代前期を特徴付ける古墳の副葬品でおなじみのものです。これはもともと南方産の貝、オオツタノハとかマツカサガイといわれる特殊な貝に穴を開けて作った貝製の腕輪をモチーフにして石で

宮内庁書陵部所蔵　伝・佐渡市鹿伏山出土遺物のレプリカ（新潟大学所蔵）

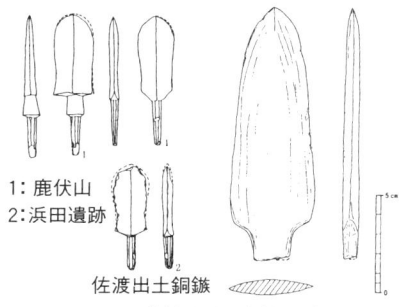

1：鹿伏山
2：浜田遺跡

佐渡出土銅鏃

「鹿伏山出土」剣型石製品
（徳田・佐藤1993より小黒一部改変引用）

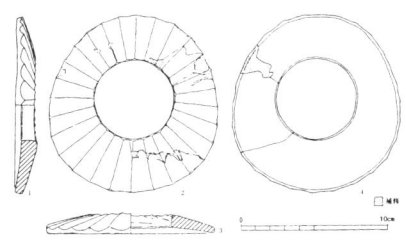

「鹿伏山出土」車輪石実測図（1・4は小黒図案、2・3は徳田・佐藤1993より小黒一部改変引用）

製作したものであります。緑色凝灰岩、グリーンタフで作った非常に精巧なものです。

●大和朝廷との結びつき

それとこちらが珪化木製の磨製石剣、それとこれが青銅の鏃です。以上、車輪石、磨製石剣、銅鏃が相川の鹿伏、いま鹿伏という地名があるのですが、その鹿伏山というところから出たと記録にあるのです。そもそも、こういうものが出るということは、これはどう考えても前期古墳の副葬品に特徴的なものでして、こういうものを出した古墳が佐渡にもあった可能性があるということであります。それまではこの種のものが出ているといっても、「伝」でありまして、本当なのかという疑いもあったのですが、先ほどの蔵王遺跡などの発見によって、こういうものが佐渡から見つかっても一向におかしくないということであります。

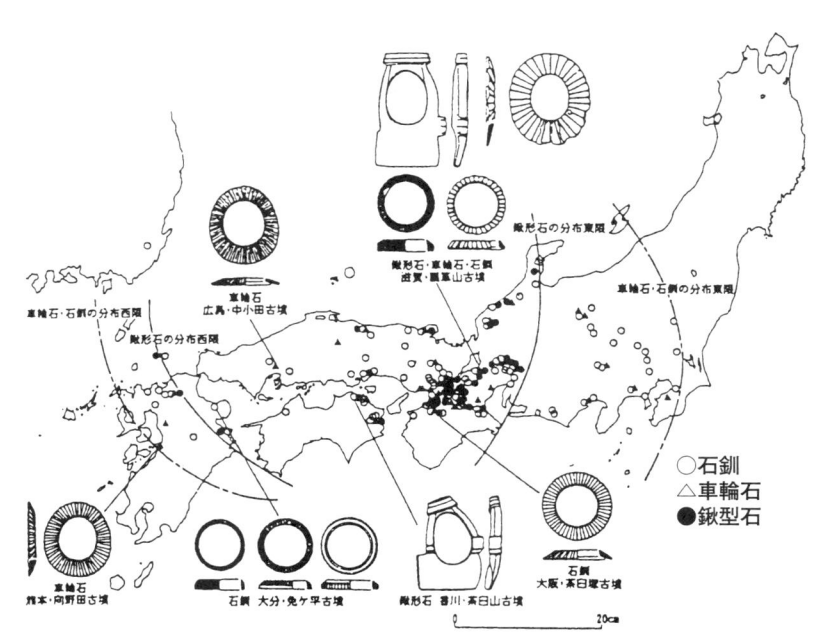

腕輪型石製品の分布（新納線・北條芳隆　1992「古墳時代・祭祀」『図解・日本の人類遺跡』東京大学出版会より）

そしてその分布の状態がこれです。その車輪石は一番東限が郡山の方になりますが、これが佐渡ですけれども、例の鹿伏の資料を参考にしてここに佐渡と東北を結ぶラインを入れております。そういう日本列島における車輪石の分布の東限であるということになります。因みに畿内に集中がありますけれども、これが当時の古墳時代の中心地でありまして、大和政権の中心地からたくさん出ているわけです。そういう大和政権の大王が地方の有力者を政治的に配下に組み入れたということで、それと見返りに配った品と考えられているわけであります。

そういうことから佐渡は古墳時代前期の段階に大和政権の版図(はんと)に入っていった可能性があるのではないかということであります。因みにこれは銅の鏃の分布の状況ですが、やっぱりここ大和政権の中心地にたくさん出ておりまして、地方にいくと少なくなっていくのですが、佐渡では2箇所から出ているということで、佐渡が大和政権から重視されていたことがうかがえます。

結論でありますが、佐渡の重要性として先ず一つは弥生時代中期には鉄石英製の管玉の生産地として知られていた新穂玉造遺跡群というのがあったということです。それともう一つは古墳時代前期、大和政権の東北地方の南部への日本海側の前進基地としての性格があったのではないかということです。それを裏付けるものが蔵王とか鹿伏山の資料ではないかということであります。

とりあえず時間が来てしまいましたので、私の話す予定の半分で終わります。残りはシンポジウムのほうで補足させていただきます。どうも失礼しました。

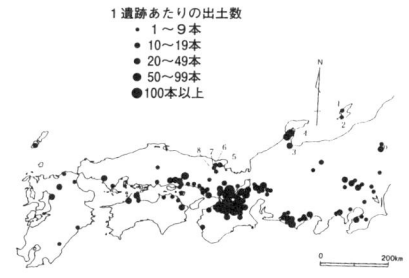

定型的銅鏃出土分布図（小黒智久　2000、北條芳隆　2000「宮内庁書陵部所蔵の「新潟県佐渡郡相川町鹿伏山出土品」の研究」『新潟考古』第11号より）

> 当日配付のレジュメより

考古学からみた佐渡の魅力とエコミュージアム構想

新潟大学人文学部教授　橋本　博文

はじめに

　わたしの専門は考古学であるが、大学博物館に関わっている立場から博物館学という視点からも佐渡の魅力とその活用方法について提言したい。新潟大学では全国にも珍しい副専攻という制度を導入している。その一セクションとして『文化財学』という分野を同僚と共に立ち上げた。これは人文科学系の歴史学・考古学・民俗学・文化財保護論などの他に、自然科学系の古建築や年代測定、文化財保存科学など各種科目からなる。それは大学内外のスタッフの協力のもと、人文科学・自然科学を横断した文理融合の新しいスタイルのものとなっている。この中で、世界遺産について日頃ふれる機会がある。

　一方、先年10か月ほどヨーロッパの英・独・仏の博物館や世界遺産をはじめとする遺跡を視察する機会に恵まれた。その成果としてフランスを発祥の地とするエコミュージアムや街全体が博物館としての機能を果たしているかの感のある魅力的な街を訪ねた。ここでは、佐渡島全島を博物館に見立てた地域活性化策を論じたい。

Ⅰ　考古学からみた佐渡の魅力

　佐渡島に人が住み着いたのは今からおよそ17,000年前の後期旧石器時代といわれている。それから佐渡金銀山の栄える近世までの間でも佐渡は実に興味深い地域であった。縄文時代には佐渡産の黒曜石が海を渡る一方で、他地域からの黒曜石や糸魚川産のヒスイなどももたらせられた。佐渡には多くの縄文貝塚が残り、新潟大学で所蔵している堂ノ貝塚や藤塚貝塚などの古人骨も出土している。

　弥生時代の中期になると島内に産出する赤玉石と称される鉄石英や碧玉などを利用して当時全国最大の玉生産が行われた。その弥生時代の末から古墳時代の初めにかけての遺跡、新穂の蔵王遺跡から最近、神殿風の建物跡や古墳時代前期の銅鏡2枚と銅鏃などが出土した。そのうち残りの良い内行花文鏡は群馬県高崎市芝崎蟹沢古墳のものと酷似しているが、それと伴って蟹沢古墳から出土した正始元年銘三角縁神獣鏡は中国魏の年号をもつもので、その正始元年は西暦240年に相当し、邪馬台国女王卑弥呼が魏に遣使した魏の景初3年（＝西暦239年）の翌年に当たる。ここに間接的ながら卑弥呼の時代と接点をもつ資料が佐渡島から発見されているということは注目してよい。さらに、その蔵王遺跡の出土建築部材の年輪年代測定から、その伐採年が3世紀末葉であるというデータが得られた点も重要である。

　一方、佐渡の相川鹿伏山から出土したと伝えられる興味深い資料が現在、皇居内の宮内庁書陵部に保管されている。それは前期古墳の副葬品に特有な銅鏃と珪化木製の磨製石剣、そして南海産のオオツタノハ製の貝製腕輪を祖型にした碧玉製の車輪石などからなる。これらはヤマト政権の地方支配の上で宝器ないしは祭器として珍重されたものと考えられ、畿内を中心に多く分布している。それはヤマト政権の大王が政治的同盟関係を結ん

だ地方有力者にその見返りとして配布したものと推定されている。現在までのところ、佐渡では前期古墳はおろか中期古墳も確認されていないが、佐渡に前期古墳が存在した可能性を示唆する資料として注目される。先に述べた新穂蔵王遺跡の古墳時代前期の祭殿風建物や銅鏡の出土はそれと呼応して佐渡島が3世紀代にはヤマト政権の版図に入ったことを示す貴重な物的証拠といえよう。

　以上、時間の都合でわずかな資料の紹介にとどめるが、これらに象徴されるように佐渡島の考古学からみた魅力は尽きない。このような文化資源（文化財）を佐渡の町づくりのために大切にし、活用していきたいものである。次に、博物館学からみた佐渡の活性化策を論じることにする。

Ⅱ　佐渡エコミュージアム構想
1．エコミュージアムの語源
　エコミュージアム（Eco-Museum）は英語である。元々1970年代にフランスで誕生した博物館の一種で、フランス語ではエコミュゼ（ecomusee）という。'eco' と 'musee' の合成語で、接頭語の 'eco' は英語の 'Ecology' の 'eco' と同じ、生態学、環境、生息地という意味で、エコミュゼ（エコミュージアム）は一般に「生態・環境博物館」と日本語に訳されている。

2．エコミュゼの始まりと概念規定
　一般に、エコミュゼの概念はフランスの民俗学者であり博物学者であるジョルジュ・アンリ・リヴィエール（Georges Henri Riviere）が1970年代に提唱したものと言われている。彼は国立民俗芸能博物館長とICOM = International Council of Museums（国際博物館会議）の会長を兼務した人で、従来型の博物館の刷新に努め、エコミュゼの目的を以下のように述べている（註）。

「地域社会の人々の生活と、そこに自然環境、社会環境の発達過程を史的に探求し、自然、文化、産業遺産等を現地において保存し、育成し、展示することを通して当該地域社会の発展に寄与することを目的とする博物館である。」と。

　また、理念として、
「エコミュゼは行政と地域住民が一体となって発想し、形成し、運営していく砦である。」と主張している。

〈註〉
日本エコミュージアム研究会　1997　『エコミュージアム・理念と活動－世界と日本の最新事例集』

3．エコミュージアムの定義・基本要素・構造
　1）エコミュージアムの定義
　　ある一定地域において住民参加により、研究・保存・展示・伝承されてきた生活環境、

生活様式の代表的な文化と自然の調和を図り活用することを、永久的な方法で行う文化機構。

2）エコミュージアムの基本要素
① 地域－一定の文化圏を形成し、自然と遺産を現地で保護・育成できるテリトリー。
② 遺産－展示・収集資料、地域の産業、伝統的建造物、天然記念物、動植物、無形遺産などの広い概念でとらえる。
③ 住民－行政と住民が一体でつくり、住民が企画に参加し、遺産を保護し未来に継承する役割を果たす。住民が主役である。
④ 教育－地域理解のために、地質学・地理学・生態学・民俗学・民族学・考古学・歴史学・建築学・社会学・経済学・農学などの総合的な教育と、地域の発展に寄与する研究。
⑤ 民主的運営－エコミュゼは利用者委員会、学術委員会、管理者委員会の3つで運営され、相互に還元させる。

3）エコミュージアムの構造
① テリトリー（Territory）：エコミュゼの境界領域。塀・柵等はない。
② コア・ミュージアム（Core Museum）：中核博物館（エコミュゼの本部）。地域の成り立ち、地域の失われた記憶を再現する「時間の博物館」の機能をもつ。
③ サテライト・ミュージアム（Satellite Museum）：複数の独立した衛星博物館、別名アンテナ。地域の空間に分散した自然・文化・歴史・産業・人間を現地で公開する施設。
④ ディスカバリー・トレイル（Discovery Trails）：自然・文化・歴史の発見の小径。コアとサテライトを繋ぐ。

4．エコミュージアムの管轄
　地域団体、公共機関、合同組合、協会、財団が行う。学術委員会、利用者委員会、管理委員会を組織し、活動を検討する。

5．エコミュージアムの活動
a）ミュージアムの自然遺産・文化財のリスト作成
b）地域の収蔵品・資料の保存・展示
c）展覧会の企画、普及活動
d）購入、遺贈、募金の実施、遺産の所有者との契約
e）文化遺産、景勝地の自然遺産の調査・研究
f）自然遺産の保護の方法の提案
g）教育研究機関との協力で調査・研究の実践、住民指導
h）専門家（館長・学芸員・教員・技術者）の養成
i）調査データの保管と報告
j）学校の協力による普及活動の実行

ｋ）テリトリー地域の教育的紹介

６．佐渡まるごと博物館構想
　佐渡島は魅力に富んだ島である。先のエコミュージアムの概念を佐渡に適応させ、佐渡全島を博物館に見立てることが可能である。その時、テリトリーは佐渡全域であり、コア・ミュージアムはさしずめ佐渡博物館あたりに設定してはいかがであろうか。そして、狭義のサテライト・ミュージアムとしては一島一市になる前の旧市町村の博物館、資料館である両津市博物館、相川郷土博物館、小木歴史民俗資料館やゴールデン佐渡等々が候補にあがる。広義のサテライト・ミュージアムはそれらの背景にあって、種類別でいうと、相川・佐和田・小木・宿根木などの街並みサテライト、相川・鶴子・新穂・西三川の鉱山サテライト（近代化遺産サテライトを含む）、新穂トキ野鳥サテライト、能・文弥人形・民話・民謡などの民俗・芸能サテライト、小木・宿根木北前船サテライト、裂織・陶芸・版画などの芸術の里サテライト、縄文貝塚・弥生玉作・古墳・国分寺などの考古遺跡サテライト、牡蠣養殖サテライトなどが思い付く。その他佐渡スギ原生林や地質学からみた景勝地サテライトなどが考えられる。それらコア、サテライトの博物館を結んでスタンプラリーを行ったり、各観光スポットを線で連結したバスツアーを企画したりすることによって、点から線、線から面へと佐渡の魅力を拡大していくことを提案する。その中には世界遺産候補である相川金山、鶴子銀山、新穂銀山、西三川砂金山、港町小木と相川往還などが太い線で結ばれる。

おわりに－『大地の芸術祭－越後妻有アートトリエンナーレ』を佐渡にも－
　美術館は英語で"Art Museum"で、ヨーロッパでは博物館の一種として認識されていた。最近、芸術は箱物の美術館の建物を飛び出し、自然や日常の空間をバックに、否自然や日常の空間の中で新たに創造されつつある。わが国でも元々屋外展示というものはあった。箱根彫刻の森など、山林の斜面を刈り払って芝生地に替え、そこに芸術作品を配置したという趣向のものはあった。しかし、『大地の芸術祭』は違う。自然をそのままに、あるいはその自然の中に息づき、息づいた地域の人々の暮らし・歴史の営まれた空間をカンヴァスに生み出された全く新しい場、サンクチュアリ（聖域）ともいうべきものであろう。この妻有に「山」という魅力があるのなら、佐渡は「山」のほかに「海」という魅力、付加価値をも抱えている。幸い、佐渡は陶芸や金工をはじめ多くの優れた芸術家を輩出している。さらに最近では国際トライアスロン大会などで佐渡に海外からの参加者を迎え入れるノウハウも蓄積されている。そのような中で関係者の熱意があれば、第二の「妻有」、否それ以上のものの実現も夢ではなかろう。それには二匹目のドジョウではダメだ。「妻有」との差別化－『大地と海の芸術祭』。それでも先ずは、「妻有」に学ぶことから始めてはいかがかと思う。

〈参考文献〉
新井重三　1995　『実践エコミュージアム入門』　牧野出版

小川忠明　1998　「『新穂村蔵王古墳集落遺跡』」『新潟県考古学会第10回大会研究発表・調査報告書要旨』：41－52　新潟県考古学会
小黒智久　2000　「宮内庁書陵部所蔵の「新潟県佐渡郡相川町鹿伏山出土品」の研究」『新潟考古』第11号：95－128　新潟県考古学会
十菱駿武　2003　「日本のエコミュージアムと山梨」『山梨学院生涯学習センター紀要』第7号　山梨学院大学
丹青総合研究所　1996　『ECOMUSEUM エコミュージアムの理念と海外事例報告』丹青総合研究所
日本エコミュージアム研究会　1997　『エコミュージアム・理念と活動』牧野出版

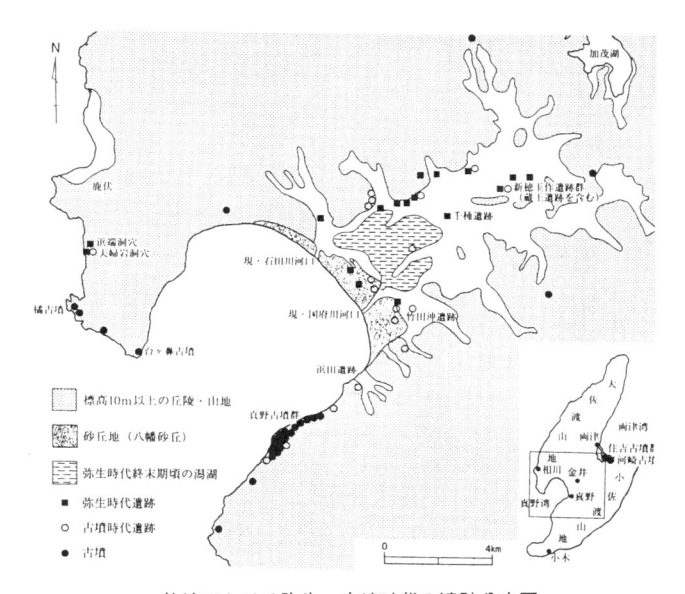

佐渡における弥生〜古墳時代の遺跡分布図
（藤田1990より一部改変作図）（小黒智久　2000「宮内庁書陵部所蔵の「新潟県佐渡郡相川町鹿伏山出土品」の研究『新潟考古』第11号より）

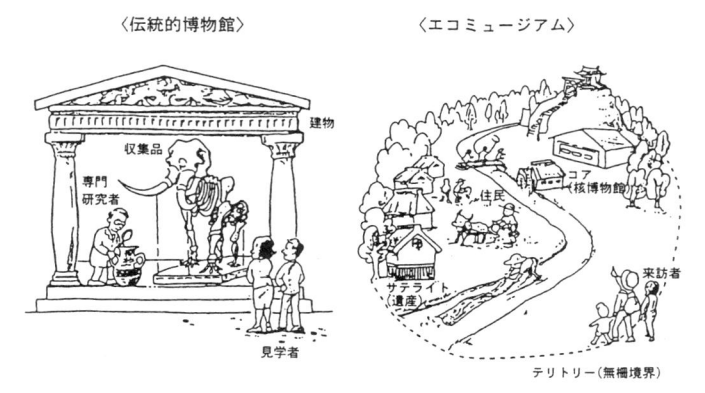

伝統的博物館とエコミュージアムの比較
（新井重三　1995『実線エコミュージアム入門』牧野出版より）

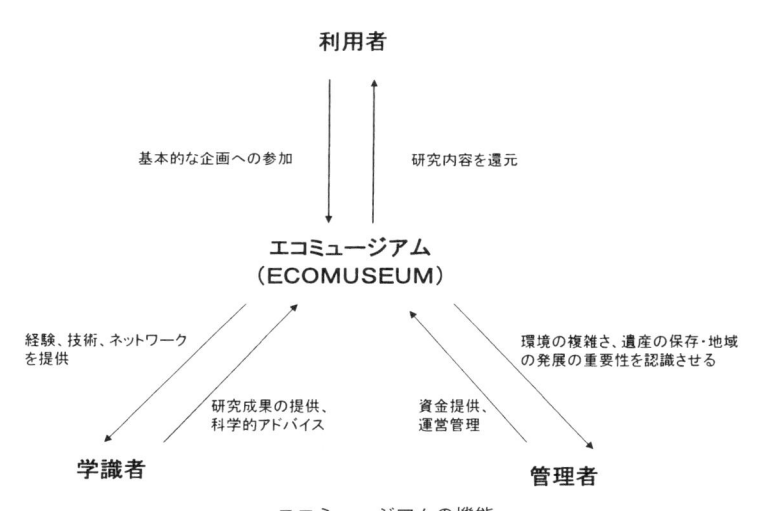

エコミュージアムの機能
（丹青総合研究所　1996『ECOMUSEUM　エコミュージアムの理念と海外事例報告』より）

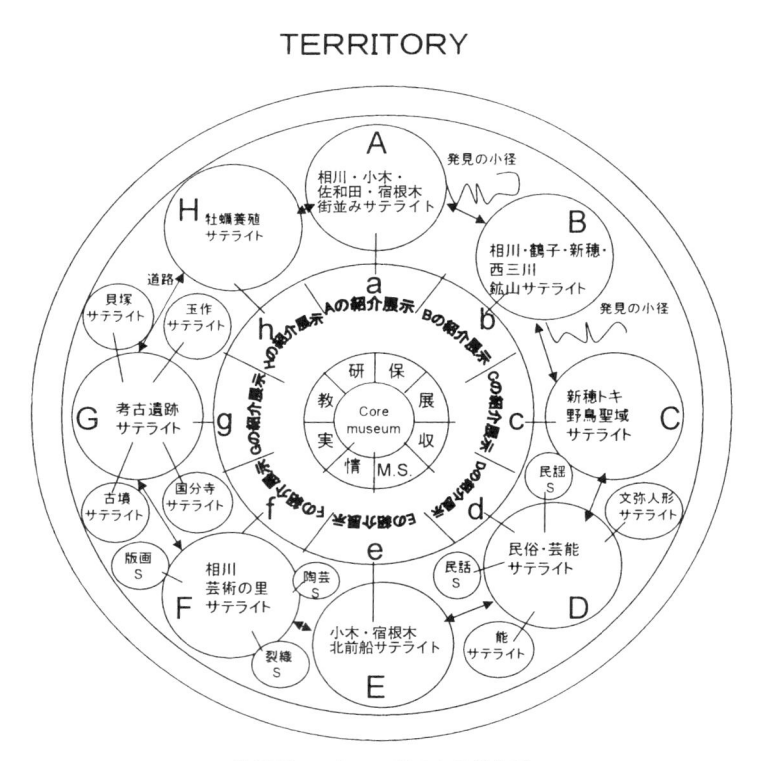

佐渡版エコミュージアムの概念図

世界遺産登録が地域にもたらす影響

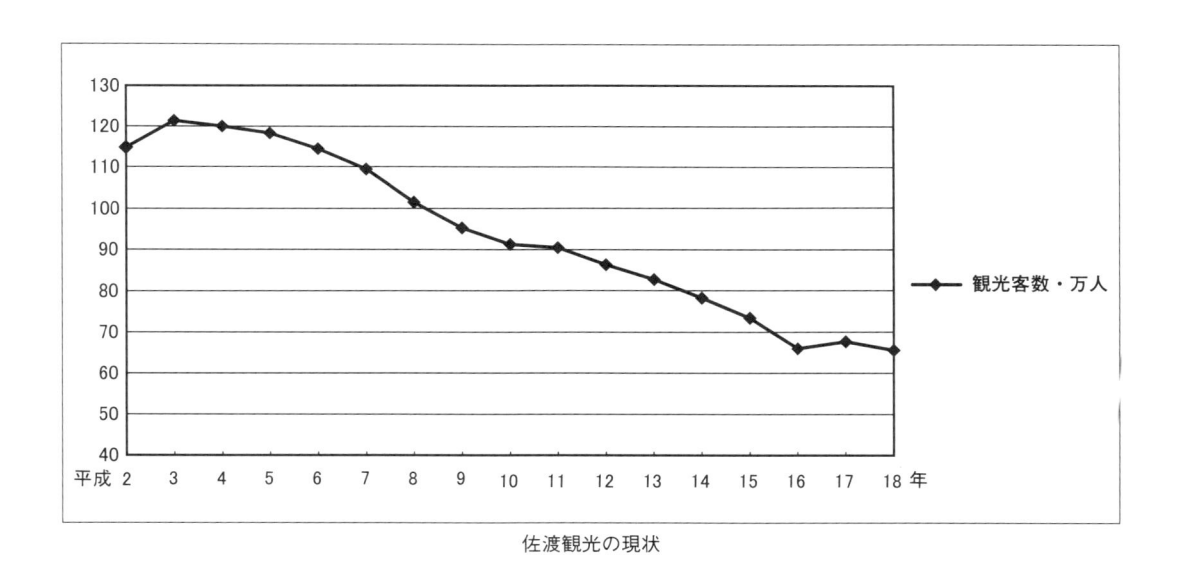

佐渡観光の現状

世界遺産登録が地域にもたらす影響

新潟大学経済学部　准教授　澤村　明

　新潟大学経済学部の澤村です。よろしくお願いします。

　今までは他のスピーカーの方は佐渡の文化的、歴史的価値の素晴らしさを語っていただいたのですけれども、私だけ世界遺産登録が特に地域経済にどういう影響を及ぼすかという話で、ちょっと毛色が違いますが、お付き合いのほどをお願いをいたします。

　世界遺産には自然遺産、文化遺産があります。日本でも1990年代以降、日本がユネスコの条約に加盟したということもあるのですけれども、各自治体で遺産登録を推す声が増えています。

澤村　明（さわむら　あきら）
新潟大学経済学部准教授
1961年生、文化経済学
慶應義塾大学大学院経済学研究科博士後期課程単位取得満期退学
歴史遺産と地域経済の関係
『まちづくりNPOの理論と課題』渓水社、「縄文遺跡・保存と活用のあり方—三内丸山遺跡・御所野遺跡を事例とした経済効果の測定を手がかりに—」『文化経済学』5巻2号

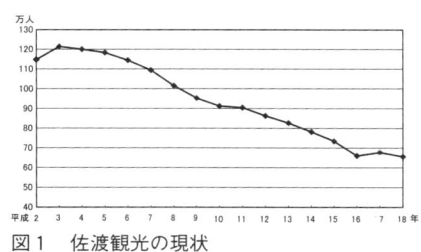

●佐渡観光の推移

　その中でかなり期待されているのが、特に過疎などで困っているところで世界遺産登録によって来訪者が増えるのではないか、観光効果が出るのではないかということです。勿論じっくり話を聞くと決してそれだけではない。世界遺産の本旨は、今までお話があったように人類共通の遺産として意義があるものであるから、きちんとユネスコに登録して保存管理計画を立てて、未来永劫それを伝承していこうということですけれども、やはり人間食わなければ生きていけませんから、その意味では世界遺産登録で観光客が増えるのではないかと期待されるわけです。まず佐渡の観光はどうなっているのかですが、佐渡への観光客の推移がどうなっているかというのが図1のグラフです。

図1　佐渡観光の現状

これで見ますと、バブル期の平成2年、3年をピークに減っています。平成16年は地震の影響で風評被害があって最底であり、17年は多少持ち直していますけれども、傾向として佐渡への観光客が減っているというのは否定が出来ないことです。

　どうして観光客が減っているのかというと、これにはマクロな理由とミクロな理由があります。マクロの理由としては更に二つあって、一つは日本人の生活もグローバル化した、つまり遊びに行くのも何も国内でなくてもいい、国外でも行けるということです。

●マクロでみた減少理由

　今、新潟市の職員と勉強会をやっていまして、OECDが出している「文化と地域発展」という本を読んでいるのですが、その中にアイルランドのダブリンの南にあるウエックスフォルドという小さな街で毎年オペラ祭をやっているという話が載っていました。英和辞典にも載っていない小さな街なのですが、その部分の翻訳を担当した新潟市の職員がウエックスフォルドがどういう街だということをちゃんと調べてきているのです。何で調べたのと聞いたら『地球の歩き方』だというのです。そんな辞書にも載っていないような地球の裏側の小さな街も観光ガイドには載っているという時代なのです。観光客が行くのは必ずしも佐渡とか、日光とか、奈良・京都ばかりではなくなっている。

　マクロな理由の二つ目は、観光産業というのは極めて弱い産業で、景気にかなり左右されるのです。景気が悪くなるとやはり旅行とか遊びに行く人が減ります。業界では「安・近・短」などといいますけれども、安くて、近くて、短い観光とい

観光ガイドブック

うことになってくる。そうすると、人口集中地帯である東京とか大阪から佐渡までわざわざやってくるということはなくなるということです。

●ミクロでみた減少理由

その二つがマクロな理由、すなわち大きな社会変化によるものなのですが、ミクロな理由とは、個人の行動が変わってきている部分があり、それがやはり観光産業にも影響しているということです。観光というのは日本では近代に入ってからなのですが、それ以前に日本で観光に近いものがあるとすれば、お伊勢参りのようなものと湯治です。

現在のような観光旅行の原型は、18世紀から19世紀にイギリスで行われたグランド・ツアーです。これは貴族の子供が古典を勉強する一環として、イタリアの古代遺跡を見に行くというのが流行ったのです。それが現在の観光旅行の元祖なんですけれども、それがやがて資本主義や民主主義の発展によって大衆化してくる。大衆が旅行に行く中で出てきたのがいわゆるパック・ツアーで、これがマス・ツーリズムです。マスというのは大衆と集団の両方の意味があります。

マス・ツーリズムは日本では、戦前からありますけれども、主として戦後のものです。有名なところでは、ジャルパックの類が流行ったこと、「トリスを飲んでハワイに行こう」いまどきトリスなんか飲む人はいないのですけれども、そういう言葉で旅行に行っていたということが時代の産物です。

親子連れ観光客

パックツアー

●趣味の多様化により、旅行も変化している

そういうマス・ツーリズムはだんだん崩れてきました。というのは、人々がお金を持つようにな

若者の旅

り、また教育レベルが上がってくると、趣味が多様化します。そうするとお仕着せの旅行はつまらない。自分の好きなところだけ行きたい、自分の好きな旅行パターンで楽しみたいということで、個人や家族・友人といった小グループで旅行するようになって来たという変化があります。

　旅行の中身も、旗の後ろについてぐるぐる廻る見学ではなく、もう少しゆっくりと異文化というか、非日常をじっくり体験したいというふうに変わってきました。一方通行の見学的なものから交流体験のようなものに、観光の中身が変わってきたのです。分かりやすい例をあげると、マス・ツーリズムで日本人が海外旅行に行くようになった頃に、「兼高かおる世界の旅」というテレビ番組があったのを覚えていらっしゃる方がいると思うのですけれども、あれはまさにマス・ツーリズム的なテレビ番組なんです。

　今テレビの観光番組で何が流行っているかと言うと「世界ウルルン滞在記」のように、どこか世界の日頃行かないところに行って一週間なり一ヶ月なり、そこの人たちと一緒に生活してくる。マス・ツーリズムから個人の体験へという変化が、テレビ番組にまで反映しているということです。

●ネット時代の影響

　もう一つ大きな変化は、インターネットの進化によって世界的な規模で口コミで観光情報が伝わるようになったということです。二つ事例を挙げます、まず、いまは合併でなくなってしまったのですけれども、長野県の乗鞍岳の麓に安曇村という小さな村がありました。そこが90年代初めに希望するペンションにインターネットを引いたのです。国立公園なので無線でインターネットを引いた事例として知られています。90年代初めはまだ

旅行に行くときは、観光旅行会社に行って紹介してもらうのが主流でしたが、インターネットでホームページを通じて予約できるようになったのですから、わざわざ昼休みに旅行会社の窓口まで出て行かなくても、仕事の合間に予約ができるわけです。

　予約がコンピューターで出来る。予約するとメールで「ありがとうございました。」と返事が来る。予約確認の中で、例えば「料理はどうしますか。」とか、「何かご希望はありますか。」というようなことを聞いてくれる。行く前日には「明日いらっしゃるということでお待ちしています。」というメールが来る。行って泊まって帰ってくると「ありがとうございました。」というメールが来る。そうやってコミュニケーションが出来てくる。安曇村で何が変わったかというと、そういうコミュニケーションが積み重なった結果、リピーターが増えたのです。リピーターが増えて、さらに乗鞍ファンクラブという、今でいうミクシーのようなものが90年代半ば頃に出来ました。いうまでもなくバブル崩壊後の不景気の中で観光業界はどこも苦しんでいました。乗鞍でも一般的には客が減っている中で、いち早くインターネットを引いてホームページを作ったペンションだけは概して2割増というようなことがあったのです。

　その仕組みを日本全国をネットワーク化してビジネスにしたのが、「旅の窓口」というウェブサイトです。今は買収されて「楽天トラベル」になっていますけれども、あそこは何が違うかというと口コミというのがあるのです。これは「旅の窓口」で契約している宿に泊まると良かったところか悪かったところかということを書くのです。「旅の窓口」としてやっていた時代には、基本的には検閲はありませんでした。だから例えば掃除してい

旅行サイトより

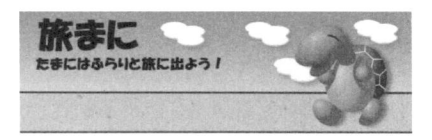

インターネット旅行掲示板より

なかったとか、便器が汚れていたとか寒かったとか、刺身が固まっていたとか、そういうことが堂々と書かれる。人々は口コミ情報で見て、いい情報の宿にはどんどん人が集まるし、悪いところはお客さんは来なくなる。何が変わったかというと、これまでは宿のパンフレットなり旅行代理店の言い分を信用するしかなかった観光客の側が、情報を得て宿を取捨選択できるようになったのです。

　ここからは私の独断が入るのですけれども、佐渡が観光客を減らした理由の一つは、そうした変化についていっていないところがあると思われます。東京や新潟の人に佐渡へ行くことがありますかと聞いてみると、佐渡は旅行費用が高い、パック・ツアー以外にどういう所に、どういうふうに泊まるかわからないというイメージができているようなのです。私自身も佐渡に何度か行って幾つかの旅館やホテルに泊まりましたが、基本的に、マス・ツーリズムの時代のように大きな部屋に泊まって、大広間でご飯を食べてというような団体客相手のパターンからなかなか脱しきれていないと思います。勿論中にはこぢんまりとした宿で、それこそ家族や友人2、3人で行ってゆっくり楽しめる宿も幾つか出来てきていますけれども、それがなかなか主流になっていない状況があるのじゃないかなと思います。

屋久島

●世界遺産になっても観光客数は変わらない

　そういった状況の中で、世界遺産に登録すると観光客は増えるかということなんですが、結論から先に言いますと、因果関係は認められません。証拠として、まず日本国内の先行事例を考えてみると、世界遺産登録によって観光客が増えたと明確に言われているのは、2箇所だけです。佐渡に

地理的に一番似ているのは屋久島なのですが、屋久島は基本的に観光客は微増傾向なのです。ただし残念ながらそのことと1993年の世界遺産登録とは明確な因果関係は見られないということです。それから、観光客が減少傾向であるというところで遺産登録がどうなるかという点で似ている事例で言えば、奈良ですが、奈良もやはり観光客は増えていない。頭打ちで、やや減る傾向にあるのですけれども、奈良も1998年に、市内の文化遺産が登録されて観光客が増えたかというと、これも増えていません。

　観光客が増えたといわれているのは、まだ登録されていませんが石見銀山、それから白川郷なんです。実はこれにはカラクリがありまして、どちらも話題になるまでは全然観光地ではなかったのです。だからベースがうんと低いところにありますから、多少人が来ると、かなり増えたように見えるということなのです。白川郷は今、年間100万人という単位で来るようになってしまったので、それはそれで別の問題があります。その話はまた後でします。

白川郷

●文化遺産に人は集る

　世界遺産登録で人が増えないのかというと、必ずしも因果関係がないと言いましたけれども、登録遺産にこだわらずに、いわゆる文化遺産というもので人が来るのかというと、これは来ている事例があります。よく言われるのは佐賀県の吉野ヶ里遺跡で、遺跡が見つかってワッと人が来て「吉野ヶ里効果」があったという話になっています。調べたことがあるのですけれども、吉野ヶ里遺跡は1988年に大きく報道されて、89年、90年は年間200万人が訪れています。佐賀県は人口が80万人ですから、人口の2倍以上の人数が来たというこ

吉野ヶ里遺跡

国中平野

三内丸山遺跡（青森）

とです。勿論それだけ人が来れば経済効果はあるということです。

　それで地元の佐賀新聞が1995年に、89年から94年の6年度間で74億円の「吉野ヶ里効果」があったという記事を書いたのです。それが一人歩きするのですけれども、この74億円という数字は問題がありまして、遺跡を公園にするために用地買収をするのですが用地買収費が含まれているのです。それが74億円のうち56億円なんです。これは全然話にならないので、言ってみれば公共投資の額と公共投資による観光収入の額をちゃんぽんにしているのです。これを精査しますと6年間に54億円くらい公共投資をしたのに対して、観光消費は大体27億円あったという結果が出ました。

　それ以外にいわゆる波及効果がよくあります。阪神タイガースが優勝したら何億円と言われるようなものですが、おおざっぱに計算すると、大体6年度間の公共投資54億円に対して、波及効果まで含めた経済効果は49億円くらいあった。その後も年間何十万人か観光客が来れば何億円かの観光収入がありますから、それだけ経済効果は続いたといえるのです。ただ問題は、吉野ヶ里遺跡も88年に衝撃的に発表されてもう20年近く経ちますけれども、いま年間3、40万人しか人が来なくなっているということで、少し経済的な効果は小さくなっているようです。

　吉野ヶ里遺跡が西の横綱というなら東の横綱は朝青龍ではなくて青森県の三内丸山でしょう。三内丸山もそれなりに経済効果は出ています。私の計算では、平成12年度で青森県全体の観光収入を、2％程度押し上げているという結果があったと出ています。

　文化遺産というのは、最初に整備する部分でお金がかかりますが、その後は維持管理費用だけで

― 112 ―

すので、その意味では経済的には効果が出やすいと思います。因みに今の三内丸山でいうと、大体年間20億円から30億円くらいの保存による経済効果が出ていますが、遺跡の維持管理費は年間3億円くらいですから、これは地域にとってはプラスであったと言えます。

　三内丸山も、話題になった六本柱の復元の時期をピークに来訪者が減ってきております。文化遺産はどこも整備して話題になったときにはワッと人が来るけれども、しばらくすると大体人が来なくなります。日本の文化遺産で来訪者が増えているのは那覇の首里城くらいなのです。ただ、首里城の場合は、首里城が目的で来るのか、沖縄に泳ぎにきたついでに寄るのか分からないので、例外としたいところです。

　ですから、先ほど申しあげましたように、文化遺産整備、或いは世界遺産登録によって観光客が増えるかと言われても、これは因果関係はあるともないともいえず、期待しないほうがいいというレベルなのです。

　そもそもその地域の中で観光客が増えることがいいことなのかというと、メリットは、経済的なこと以外に、その地域のことが良く知られることです。良く知られるというようになればそれだけ理解者が増えますから、産品の輸出などにも響きますし、人の交流にも響きますし、いろいろといい面もあります。

首里城（沖縄）

産品輸出

● 観光公害の例

　ただ悪い面もあります。観光公害という言葉がありまして、よく言われるのは混雑すること、それから遺産の破壊です。多くの人が見に来て触れると、どうしてもそれだけ壊れやすくなるのです。それから、白川郷で言われているのは、年間

多数の佐渡観光客

宿根木

図2　佐渡の人口

150万人が来るようになって何が困ったかというと、観光客が家の中に勝手に上がってくるのです。農作業も出来なくなるとか、プライバシーが無くなると言われています。もう一つ白川郷で今深刻に言われているのは、共同体が崩壊するのではないかということです。あそこは茅葺きの屋根を共同体で修理していたのですが、観光客目当てに皆民宿やみやげ物屋をやるようになって、今まで共同体であった仲間がライバルになってくる。共同で行っていた茅葺き屋根の葺き替えも、このままではどうなるかわかりません。

実はそういうことは、佐渡でもすでに言われています。さっき宿根木の素晴らしい街並みが紹介されていましたけれども、宿根木の住民の方に対する意識調査を小木中学校の先生がやっています。そうすると、その街並み保存で観光客が来て困る、干し柿が盗まれるという話が出てくるのです。十日町で妻有アートトリエンナーレをやっていますけれども、あれでも畑の作物を勝手に盗むやつが出てきたということで多少苦情が出ているようです。このような、小さいレベルの観光公害も無くはないということです。

●地域の将来を考える

では、世界遺産登録は意味があるのでしょうか。観光という観点ではなくて、地域の将来を考えるという点では、これは意味があるのと思います。図2に佐渡の全島の人口の推移を出してありますけれども、これも減っていて、昭和30年代には10万人以上いたのが、すでに7万人を切りそうだという状況です。こういう状況の中で佐渡の将来をどう描くのかを考えると、観光で見に来てもらう、見に来てもらって気に入って交流が始まる。交流で度々来るようになればやがて定住して

― 114 ―

くれる人もいるだろう。そいういう方向に向けて魅力ある地域としての世界遺産に登録するという考え方はあるでしょう。つまり地域に将来的なビジョンがあって、ビジョンの中で目標のゴールがあって、そのゴールにどう近づくかという戦略があって、その戦略の下に具体的な戦術があるということを、よく経営でいいますが、世界遺産登録が観光地になるためのゴールだとすれば、これはさっき申しあげたようにあまり意味がないでしょう。

　世界遺産とは一種のブランドなんですが、ブランドをとることで、どういうビジョンを立ててどういうゴールを目指すのか、そしてそのためにどういう戦略を立てるのかということを明確にする必要があるでしょう。それがユネスコが求める保存管理計画につながっていきます。それが明確であれば保存管理計画として恐らく承認されるだろうと考えられます。

　世界遺産登録の鍵の一つは、保存管理計画なり地域の将来構想が出来るかどうかなのですけれども、うまくいっていないのが鎌倉であり富士山なのです。富士山は一度自然遺産で登録を目指していましたので、ご存じの方も多いと思うのですが、参拝者のし尿の処理が出来ていないこととゴミの不法投棄の多さで却下されているのです。今回は文化的景観ということで出し直すのですが、常識的に考えると当然入るべき富士五湖が入っていないのです。どうしてかというと、富士五湖の観光業者が規制を嫌って反対したので外したのです。ですから、今回の申請もどうなるかわからない。鎌倉も、保存管理計画の中には規制の対象になる地権者の同意が必要なのですが、お寺さんの中には同意しない方がいるのです。また、鎌倉は基本的に中世の社寺建築をということで登録を目

富士山

富士五湖

指していますけれども、バッファゾーンに含まれる市街地の多くは、明治以降に開かれた別荘地を中心に出来た戸建ての住宅地なのです。市民の関心は、その戸建て住宅地がどんどんマンションに変わっていくことへの不安です。バッファゾーンの規制がそういう傾向に歯止めをかけるのかという可能もありますが、社寺建築の世界遺産登録については、あまり関心がないという状況です。

佐渡がこれからどうなっていくかというのは、人口が減っていく中でどういう将来像を描くのか、その中で世界遺産というブランドを手にしてどういうビジョン、どういう戦略を作るのか、そこにかかってくると思います。世界遺産がゴールではないというのが私の申しあげたいことです。

参考文献を何点か挙げておきましたけれども、年末にいい本が出たのでそれも紹介しておきます。

『世界遺産が消えていく』（千倉書房）というタイトルで、著者は中村俊介というサッカー選手と同姓同名の、朝日新聞の文化財の記者です。なかなか示唆に富むいい本かと思いますのでお薦めしておきます。

私の話は以上です。どうもありがとうございました。

> 当日配付のレジュメより

世界遺産登録が地域にもたらす影響

新潟大学経済学部准教授　澤村　明

1. 佐渡観光の現状

2. 観光業の趨勢
   - マス・ツーリズムから個人・小グループ化
   - 見学消費から体験交流へ
   - IT と観光　－　安曇村と「旅の窓口」

3. 世界遺産登録は観光客を増やすか
   - 世界遺産の先例　－　屋久島，奈良，石見銀山
   - 国内の文化遺産と地域経済　－　「吉野ヶ里効果」と三内丸山遺跡

4. 観光客増のメリット・デメリット
   - 産業としての観光業と経済効果
   - 観光公害

5. 世界遺産登録の意義　－　地域づくりの観点から
   - 世界遺産登録が上手く進まない事例　－　鎌倉，富士山
   - 佐渡のアイデンティティと文化遺産　－　地域の発信と来訪者
   - 観光，交流，定住

参考文献

澤村　明［2006］「縄文遺跡保存と活用のあり方－三内丸山遺跡・御所野遺跡を事例とした経済効果の測定を手がかりに－」文化経済学会『文化経済学』5巻2号、pp.47－54

澤村　明［2002］「遺跡保存の経済効果－吉野ヶ里・三内丸山を事例に」文化経済学会『文化経済学』3巻1号、pp.37－47

堀貞　一郎［2002］『メイド・イン・ジャパンからウェルカム・ツー・ジャパンへ　観光立国が日本を救う』プレジデント社

シンポジウム　佐渡の魅力

－地域活性化に向けての世界遺産運動－

佐渡の魅力―地域活性化に向けての世界遺産運動―

パネラー　　　元筑波大学　教授　　田中　圭一
　　　　　　　新潟大学　名誉教授　小林　巖雄
　　　　　　　新潟大学　教授　　　池田　哲夫
　　　　　　　新潟大学　准教授　　黒野　弘靖
　　　　　　　新潟大学　教授　　　橋本　博文
　　　　　　　新潟大学　准教授　　澤村　　明

司会　　　　　新潟南高校　教諭　　竹田　和夫

　総合司会　それではシンポジウムを始めさせていただきたいと思います。司会をここからは県立南高校の竹田和夫さんにお願いしたいと思います。よろしくお願いいたします。

●はじめに

　司会　新潟南高校の教諭の竹田と申します。よろしくお願いします。
　私生まれ育ったのが西蒲原の弥彦村でございまして、ご存じのように弥彦山から佐渡はすぐに手が届くような感じで子供の頃からずうっと見て育ちました。今日はその佐渡にどのくらい迫れるか、先生方それから皆様方のお手伝いをさせていただきたいと思います。
　このシンポジウムですけれども、皆様方ご存じのように佐渡は佐渡、越後は越後で、それぞれかなり今まで調査や本の出版、或いはこのようなシンポジウムというものが、それぞれ蓄積されてきたところがあるわけでございます。
　しかし、江戸時代の民謡の中でもすでに越後と佐渡は筋向いと歌われ、この事は良く今でもいろんなところで引用されますけれども、越後と佐渡

は筋向いと言われながらも、一方が他方をどう見るのかなというのは、今たまたま同じ新潟県という行政の枠に入っておりますけれども、こういう視点で見るということが意外と無かったのではないかなと思うのです。今回はこの鉱山文化を核にした世界遺産への検討ということでございますが、これは本当に今までなかったいい機会ではないかなと思うのです。それでは限られた時間でございますが、どのように進めていくのか簡単にご説明したいと思います。

　先ず今日基調講演、或いは各種講演いただきました先生方から、それぞれ時間がない中で講演をお願いしたわけですが、お話し足りなかったことがある先生もいらっしゃいますので、それを補足として承りたいと思います。

　それが終わりましたら、今度は午前と午後で質問用紙を書いていただきましたが、これをベースにしまして、今日の講演の内容に関わる質疑ということで時間をとりたいと思います。それから次には、この会場にはいろんな研究や勉強や或いはそこまで行かなくても実体験などされている方がいらっしゃると思いますので、そういう観点から今日のそれぞれの講演に、もうちょっと肉付けができるよと補足或いは付加というようなことをお出しいただければと思います。

　最後にはこれが一番大事なのですけれども、地域活性化の素材として、この世界遺産の登録運動、或いはそれの支援の動きというのは、どのようにしたらもっと進めることが出来るかということを非常に現実的な問題ですけれども、皆様方の中から是非支援となるような方向でのお話を承れればと思います。以上のような形で進めてまいりたいと思います。

　それでは早速1本目の柱の補足ですが、これは

先ず午前お話いただいた池田先生からお願いしたいと思います。

●豊富な資料をもつ島

　池田　随分話をはしょってしまいました。しかし私は「佐渡は文化の吹き溜まりだ」と言う言葉に象徴される、この言葉を作ったのは誰かと考えます。そうするとやっぱり柳田國男だったのではないかと思うのです。実際にこれを足で歩いたのは宮本常一という民俗学者ですが、そういう基本にある言葉を作ったのは柳田國男だと思っています。

　民俗学というのはご承知のように、今ある事象から過去を探っていく、歴史的に構築していくという学問だろうと思っています。そういう眼で見て佐渡のいろんな事象を切り取っていくと、どこを切り取っても大変な文化に遭遇すると思います。とくに芸能の問題にしても人が3万人なり集まってくるわけです。そこに交流がある。交流があれば必ずいろんなものを持ち込むわけです。そういうものが佐渡の古い文化と融合したり、或いは関わって何かを作り上げてきたのか、ということも大変大きい問題だろうと思いますし、金銀山が縮小して衰退期に入ってきます。そうしたら人はどこに流れるのでしょうか。そうしたことを含めて佐渡経由で伝えられた文化も日本にはあると思っています。

　そんなことを踏まえながら、佐渡というのは今を研究することによって、随分日本の文化の基層の部分を探ることが出来る大変な財産を持っているのだろうと思います。日本全国にもこういう今から過去をたどれる豊富な資料を持っている島というのはないと思います。そんなことで私は佐渡に生まれたことを誇りに思っていますし、今でも

佐渡をフィールドにしているというのはそういった理由でございます。

　司会　続きまして橋本先生お願いいたします。

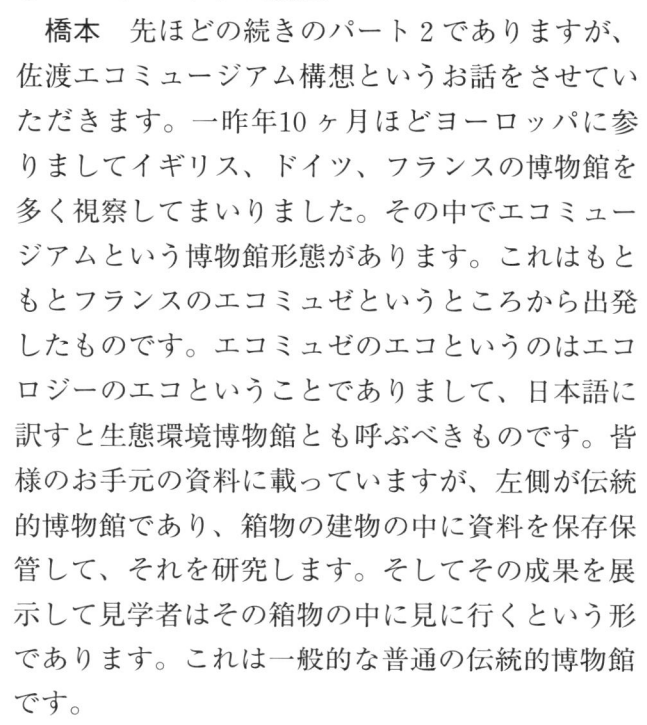

●エコミュージアム構想

　橋本　先ほどの続きのパート2でありますが、佐渡エコミュージアム構想というお話をさせていただきます。一昨年10ヶ月ほどヨーロッパに参りましてイギリス、ドイツ、フランスの博物館を多く視察してまいりました。その中でエコミュージアムという博物館形態があります。これはもともとフランスのエコミュゼというところから出発したものです。エコミュゼのエコというのはエコロジーのエコということでありまして、日本語に訳すと生態環境博物館とも呼ぶべきものです。皆様のお手元の資料に載っていますが、左側が伝統的博物館であり、箱物の建物の中に資料を保存保管して、それを研究します。そしてその成果を展示して見学者はその箱物の中に見に行くという形であります。これは一般的な普通の伝統的博物館です。

　それに対してまったく違った発想の博物館形態がエコミュージアムといわれるものであります。これに関しては、その発祥地であるフランスでももともと民俗学者であった、国立民俗博物館の館長を務めた方が提唱したものであります。その発想内容は「地域社会の人々の生活と、そこに自然環境、社会環境の発達過程を史的に探求して、自然、文化、産業遺産等を現地において保存し、育成し、展示することを通して当該地域社会の発展に寄与することを目的とする博物館である」というように定義しております。理念としては「エコミュゼは行政と地域住民が一体となって発想して形成して運営していく砦である」と言っておられます。

その右側にエコミュージアムの図があります。左の図と比べて分かるように、コアミュージアムというのが箱ものとしてあるのですが、その周囲にはオープンスペースがあり、無柵境界のテリトリーとして、柵のない広がりがありまして、その中に自然環境と一体となったコアミュージアムと、それにサテライトと言われている衛星的な遺産があります。そしてその中で地域の人たちが生活し、経済活動を行っています。その全体をエコミュージアムといい、村、町全体を博物館というような見方で、見学者はそこを訪ねてきて、そのなかの生活も一緒に体験して廻るというような発想であります。

　ここに利用者、学識者、管理者という三者の関係を図式化したものがあります。エコミュージアムは利用者に対して研究内容を還元します。利用者は基本的な企画へ参加をします。学識者はエコミュージアムから経験技術、ネットワークを提供してもらい、逆に学識者は研究成果をエコミュージアムに対して提供したり、科学的なアドバイスをします。管理者はその資金提供、運営管理というのをエコミュージアムに対して行い、エコミュージアムからは管理者に対して環境の複雑さ、遺産の保存、地域の発展の重要性を認識させます。こうした相互関係で三者が成り立っております。

　ここで私から提言したいと思います。発想としては佐渡全島を丸ごと博物館にしようという考え方であります。言うならば『佐渡丸ごと博物館構想』とも呼ぶべきものです。

　午前から午後にかけて、それぞれの観点から色々な魅力のあるお話を承ってきたわけですが、それを一体となった連関したものとしてとらえていこうということであります。そして、このテリ

トリーは佐渡全島ということになります。

　それでここにAからHというようにサテライトを置き、一方で中核となるコアミュージアムというのを配するわけです。ひとまず、佐渡博物館辺りをコアミュージアムと一応位置づけるとします。その周りに例えばAでは相川・小木・佐和田・宿根木の町並みサテライト、Bが相川・鶴子・新穂・西三川の鉱山サテライト、Cが新穂、朱鷺・野鳥サテライト、Dは民俗・芸能サテライト、Eが小木・宿根木、北前船サテライト、Fが相川の芸術の里サテライト、Gが考古遺跡サテライト、Hが牡蠣養殖サテライト、これ以外に小林先生がお話しされた自然遺産の部分といったものもまたサテライトに入れてよいかと思います。そうしたものを全部一連の連関するものと考えて、さらにそれぞれが又周りにそれを核にしてサテライトのサテライトをもつ。例えば私の専門から言いますと、考古遺跡では縄文時代の貝塚サテライトとか弥生時代の玉作サテライトとか、古墳時代の古墳サテライトとか、奈良時代の国分寺サテライトとかというように分かれるということであります。

　以上のように一体的な連関したものとして考えていく、活用していくという施策を考えてみてはどうかということを提言したいと思います。とりあえずこのようなことで終わりにして、また議論の中でお話しさせていただきたいと思います。

● **質　疑**
　司会　というわけでお二人の先生から補足説明をいただきました。それでは次に2本目の柱、講演の内容についての質疑ということに移りたいと思います。これにつきまして先ず午前午後でいただきました、質問要旨をベースにしたいと思います。ただ申し訳ありませんがここでお断り申しあ

げたいのは、すべての方の質問をお受けするというのがちょっと難しい面もございますので、こちらのほうで整理させていただきましたのでご了承いただきたいと思います。又次回以降このような催しがありますときにお願いできればと思います。

　先ず田中先生の基調講演に対してですけれども、1点目の質問が、全国の各地から佐渡へ役人や漁業に関わる方々が移ってきたとおっしゃったたけれど、それは江戸幕府の全国的な政策の一環であったのでしょうか？

　そして合わせまして2点目が、佐渡の鉱山技術が全国各地へ伝播していった事実、または可能性が存在するのでしょうか？　以上2点についてお願いします。

●技術は西から

　田中　人の移動において幕府の政策なんてのは僕は大したことはないと思います。みんなやる気で行くわけですから、そこが話がうまく行けばそちらに居つくというような形で、大体西から東へ人が動いているような感じがいたします。

　それから佐渡に生まれた技術などたいしてないので、大体関西で生まれたものが佐渡で広まっていて、佐渡で広まっていたものが今度は青森辺りへ行って漁業者が発展させるというような系図が大部分であります。ですからそこで生まれた技術が、より技術の生まれない地域に行ってぱっと流行っていくというのは世の中の常であるというふうに私は考えています。技術の移転というのは意外と早いのでして、人が行くとたちまちにして広がります。漁業の技術、池田さんからお話がありましたけれども、青森県辺りに行くと盛んにそういう技術が青森の果てで語られておることに気が

つくわけであります。

　佐渡なども多くの技術は関西の技術が伝わってきて、その一族が今もその辺にはびこっておるようでありますから、なんとなしに西から東へ、人、文化が動いた感じがいたします。北からきたものはないとは言えませんけれども、例えば動物を飼う技術、豚と一緒に人間が寝たりしているのは満州辺りで見られるようでありますが、ああいう風情というのは青森県辺りまでは現に見られるようでありますから、新潟県まではちょっと届かなかったけれども、北からの技術はたぶん青森県、秋田県辺りまでは入ってきているように思うのですが如何でしょうか。

　漁業技術などはまったく関西のものそのままでありまして、魚の呼び方なぞは佐渡も徳島県なども同じ名前で呼びます。例えば越後ですと、佐渡で「あぶらめ」なんていう話は全然通用しませんけれども、瀬戸内海の国々へ行きますと佐渡の魚の呼び方と四国の各地の魚の呼び方が同じであることに気がつきます。どうしてそういうことになるのか私には分かりませんけれども、そういう事実があるので面白いことだというふうに思います。

　司会　司会の立場から大変僭越ではございますが、田中先生のご著書や江戸時代に今の秋田県に当たるところで院内銀山というところがあります。そこの奉行をやっていた方が書いた『梅津正影日記』という古い記録があるのですが鉱山技術に限定して申しますと、佐渡から院内銀山に向けて、即ち秋田に向けて金山(かねやま)の作法（鉱山技術の作法という意味でしょうか）が伝えられたという記事がございますし、実際の人間の移動も、もともとの生国としては石見もそうですし、長門あるいは備中とか、かなり西のほうから佐渡を経由して

北の方に行っているということがあったということを申し添えさせていただきます。

次に池田先生に対するご質問で、1点目が今の田中先生のご質問と非常に類似しているのですが、とくに民俗文化と言う観点でお願いできればと思います。1点目が佐渡の文化、技術が伝播している例というものがあるのかということでございます。

それから2点目としましては非常にシビアな問いかけなのですけれども、佐渡の芸能について後継者が不足していると聞いているのですが、これは現状と課題とあるいは解決策というお考えがあればお聞かせいただきたいということです。

3点目は、今日の話の中で取り上げられた鬼太鼓と能の関係は何かあるのでしょうかというものです。

池田　難しい質問をいただいてちょっと苦慮するのですが、

一番目の佐渡の技術、特に民俗に関する技術が伝わった例ということですが、私は裏番組で「するめいか」の研究をやっていまして、その釣具の研究をしました。その結果、佐渡で江戸時代、終わり頃に画期的なイカの釣具が考え出されて、それが田中先生のお話にありましたように出稼ぎの漁民たちによって北へ伝えられていきました。それからもう一つは隠岐島辺りの漁師を経由して韓国の東海岸辺りまで伝わっております。田中先生がおっしゃられたように、技術に関わる伝播というのは非常に急激なのです。言葉などの伝播とは違って入ったらその日から使われていくというように急激に起こると考え、一般の伝播とは分けて「技術移動」という言葉を私は使っています。良い技術、あるいは必要とされる技術というのは急激に伝えられていくのだろうと思います。

●芸能の後継者不足

　それから2点目のご質問で芸能の問題で、後継者不足というのは本当に大変な問題だと思います。とくに佐渡というのは人の異動もありましたからいろんな文化が集積されて、あるいは年中行事にしても集積されていると思うのです。佐渡の場合、どこを輪切りにしてみても日本のどうも基層文化に近いものがあるのではないかなと思うのはいっぱいあるのです。そういうことを踏まえて考えますと、いま絶えたら困るというのが本音です。しかしそれは私の勝手なお願いでして、澤村先生のお話に予定通り人口が減っているというお話がございました。それは裏を返せば後継者も予定通り減っているということです。そういう意味で何故これが伝えられているかという伝承の意義を、もう少し私たちはアピールしていかなければいけないのではないかと思っています。地域で伝えるのが難しければ、もう少し範囲を広げて伝えていくということも、これから考えなければいけないのかなと思ったりしています。これに対して私は妙案はありません。是非妙案があったらお教えいただきたいと思います。

　3点目の鬼太鼓と能の関係というご質問ですけれども、これまた難しいのでありまして、国中に皆さんご存じの「おんでぇこ」とか、「おんだいこ」とかいわれる鬼太鼓があるわけです。これとどう関わるのか、更に前浜一帯には山伏神楽の系統を引くといわれる鬼太鼓もあるわけです。前浜系の鬼太鼓などと言って分類されているわけです。また翁が豆をまく鬼太鼓の三つの系統の鬼太鼓があるといわれているわけで、そのうちの国中系の鬼太鼓というのがどうも能と関係があるのではないかといわれているのです。しかし具体的にどう関わってきたのかというのはまだ良くわかっており

ません。午前中こちらの会場に、新潟県の芸能を研究されている近藤忠造先生がおられましたが、近藤先生は若しかするといい回答をお持ちかもしれません。いまの私には能が直接鬼太鼓にどう関わってきたのかという見解はありません。ただ踊りの作法の中での言い伝えに「すみをきる」とか、足の運び方に能の影響をうけているとか、或いは太鼓のリズムも関係があるのではというような言い方をする人がいます。しかし私にはそれ以上のことは分かりません。

　司会　今日ご報告いただいた中で黒野先生の町並みのご報告についての質問で、小木の宿根木が平成3年に伝統的建造物群保存地区に選ばれたことで、地域に住んでいらっしゃる方たちは何らかの制限を受けているのではないかと、エアコンさえも付けられないと聞いたことがあるのだけれども、それは本当のことでしょうか、もし具体的に住民が受けている制約等があれば教えていただきたいという質問です。

●家並みの景観保持

　黒野　平成3年（1991）に選定されました。それに先立って条例を小木町が作られました。作るときには住民の方の意見を聞いて、どこまでをどういうふうにするのかということが決められました。その条例を国が全国各地のなかから選んだということです。住宅の中については勿論それは個人資産ですし、個人の生活の場であって、そこに干渉することは当然無いわけです。通りから見えるところ、普通に人が歩いて見えるところ、町並みというか、家並みといいますか、そういった重要なところには素材や高さを、もともとからある形で揃えていこうと、そういうふうな内容になっていると思います。エアコンの室外機について具

体的にそうした話を聞いたことはありません。一番目立つところにそれを置かないで下さいと、その室外機を通りからみて目立たない位置にずらしてくださいと、そういうふうなことはあろうかと思います。けれども一概にその昔の生活にもどれとか、そういうことではありませんので、あまり誇張されて伝わっているとすると、それは真に受けられるのはどうかと思います。

　司会　これも司会の立場から僭越でございますが、いまのご質問についてなのですけれども、かなり過度にどなたかからお聞きになっているのではないかなと思いまして、これはいわゆる例えばエアコン室外機であれば、目隠しという形で同じような母屋の色と外観の色と同じような形で枠といいましょうか、その中に入れておけば駄目ということは絶対にない話でございますし、室外機だけではなくて、他のことにも本来建物の外部に取り付けなければいけないものについては、すべてそういうことになっております。それから内部は意外と普通の使い方をしてもいいわけでありまして、いわゆる外観だけは出来たら色合いその他でちょっと工夫をして揃えていただければ、ということに実態としてはなっているということを申しあげさせていただきたいと思います。

　他にもご質問いただいているのがあるのですが、これは中々大きなものがありまして、例えば世阿弥の足跡を教えていただきたいとか、金鉱石の、これは本当に純粋に疑問に思われていらっしゃるので、何らかの形で今日お見えの先生方にお伺いしたいと思ったのですけれども、これはなかなかこの場、この時間帯でというのはきつうございます。本当に申し訳ないのですけれども、無理なのでお帰り掛けに各出版社で出されているような出版物その他で縷々書かれていると思います

ので、とりあえず今日はご勘弁いただければと思います。これ以外にもあるのですが、それは又のちほどの議論の中で関連してご紹介させていただきたい部分もありますのでちょっとお待ちいただけますでしょうか。

　というわけでペーパーをいただいたものについては以上なのですけれども、ここから先は今日の内容の質問についてフロアーのほうからの皆様方に改めて御質問をお願いしたいと思います。質問用紙を出されなかった方で、今あげられなかったような内容でとくに今日の先生方にこの場で割と答えてもらいやすい、というふうな観点のものがあれば是非お願いしたいと思いますが、如何でしょうか。

　　質問　佐渡から来ました。佐渡博物館におります本間と申します。

●エコミュージアム構想実現への道

　橋本先生にお願いしたいのですけれども、この資料の内容を見ますと、取り組みそれから内容構成は大体橋本先生が構成されたように思うのですけれども、それから始めの言葉の中にもありますし、それから12日の新聞にも出ておりましたけれども、非常にこの先を見据えて新潟と佐渡がお互いもっと知り合う、交流をするという視点で先ず一歩踏み出したいということで述べられておるわけですけれども、実際私どもも佐渡におりまして、佐渡の人たちから佐渡の事を知ってもらいたいと思っていろいろ取り組んでみました。5年間いろいろ佐渡博物館の先生を講師にいたしまして、取り組んで大体2,500人くらい佐渡を紹介して歩いているわけです。勿論金山に関わる遺跡とか、或いは文化財とかそういったものを中心にしてやってきましたけれども、過去には博物館との

交流展を開催しておりますし、先生にお願いしたいのは、これはなかなか大変だったと思うのですが、ここまできますとお互い交流していくということが可能ではないかなというふうに実は思っているわけです。そういう意味では今そこにエコミュージアム構想というのがありますけれども、佐渡全島的に協力できると思います。そういったことで是非具体的に今年あたり踏み出していただきたいと思うのですけれども、構想として一歩踏み出し、実現するまでのプロセスというのを先生の頭の中でどういうふうに描いておられるのかどうか、その辺りを一歩踏み込んだところでご紹介いただければというふうに思っております。よろしくお願いします。

　司会　ありがとうございます。佐渡から、とくに長年佐渡の文化を支えられてこられた佐渡博物館の本間事務局長さんからお話しいただきました。それでは橋本先生お願いします。

　橋本　3年ほど前に今お話の中に出た交流ということで、新潟大学あさひまち展示館と佐渡博物館の交換展示会というのを行いました。そういうものがきっかけとなって、今回のこのフォーラムに至っているわけなのです。新年度の構想としてはやはり佐渡の文化の素晴らしさというのを越後側に全県的に伝えたいということで、継続してこのような活動をやっていきたいと思っております。昨年末の大学の予算ヒアリングの時にうちの上部のほうにお話ししたのですが、一つは『高橋信一先生と佐渡版画村の人たち』ということで、佐渡の版画を紹介する展示会、もう一つは佐渡の写真展を企画していきたいと思っております。今回はフォーラムを越後側でやらせていただきました。全く同じものを佐渡でやるというのもどうかと思うのですが、外から見た佐渡の素晴らしさと

いいますか、そういう様なところをそれぞれの専門の立場から佐渡でお話が出来ればいいなあというふうにも思っております。

●佐渡と新潟の双方向でのとり組み

　今日は佐渡テレビさんが見えていて今日の講演とかシンポジウムを、全収録して向こうでケーブル放送で流すというお話もあるのですが、そういう中で今回のことは佐渡の方にもお聞きいただけるかとは思うのですけれども。それにプラスアルファしたところで、他にもまだ新潟大学の同僚にいろいろ佐渡のことをやっている仲間がおりますので、そういう連中も合わせて向こうに連れて行きたいなと思っています。

　今日は私もそうでしたが、時間が短くて話しきれなかったという部分もありまして、このことに関しては私どもの大学で取り組んでおりますCLLICというサテライトキャンパスが、駅南のプラーカ3という建物の地下にあるのですが、そこで来年度の前期にこの辺の問題をもう少し詳しく各人が1時間半くらいずつお話し出来る機会が持てたらなあとも思っております。

　それともう一つ佐渡の方々の取り組みをこちらに伝えるその橋渡し的なこともやれないかと思います。昨年相川小学校の先生を中心として相川小だけではないのですが、佐渡の子供たちが一生懸命佐渡を世界遺産にということで頑張っているわけです。そういう活動を伺う機会に恵まれてたのですが、その時にその取り組みを是非こちらにも伝えたいと思いました。それでこれは今大人だけでほとんどやっていますけれども、子供も頑張っていると、そういうものも越後側の子供にも見せたら教育的効果も高まるのではないかなと感じました。先ほどの伝統芸能、『やわらぎ』とかの素晴

らしい取り組みをやっていますので、そういうところも是非紹介していきたいなと思いました。そういうきっかけといいますか、その仲立ちが出来ればいいなあというふうに考えております。

　司会　早速これで交流の第一歩が始まったということでしょうか。もう１人、越後側の人といいましょうか、聞いてみたいという人はいませんでしょうか。

●佐渡のアイデンティティー

　私は先ほどの司会者の先生が弥彦とおっしゃられましたけれども、私は寺泊です。もっと近いかと思います。毎日佐渡を見て個人的には５、60回佐渡の方に遊びに行っております。非常に大好きです。橋本先生が佐渡丸ごと博物館構想ということを発表されておられましたが、これは大賛成です。ただこの中にもう一つ二つ加えていただきたいことがあります。一つは佐渡の人情です。それから食文化です。佐渡には佐渡独特の食べ物がありまして、いわゆるエゴネリにしろ、天日干しのイカにしろ、アゴだし、それからお味噌、最近ではおけさ柿、牡蠣の養殖とかというように食文化が入っていないように感じたのですけれども、如何なものでしょうか。

　それから経済の澤村先生、お時間がなくてお話が出来なかったと思うのですけれども、佐渡のアイデンティティーということが書いてあったのですが、これは島民の方に佐渡のアイデンティティーを持って欲しいということなのか、地域的なことをおっしゃっているのかお聞きしたかったのですけれども、この２点をお願いします。

　橋本　私も大賛成でございます。先ほど申しましたように自然のことがここには入りきれなくなってしまいました。いっぱい魅力がありすぎ

― 136 ―

て、この中にちりばめることが出来なくなってしまったということです。先ほどお話ししました自然環境のような部分、それと今お話のあった食文化とか、人情というお話もありました。私も佐渡に行くたびに佐渡の人にぞっこん惚れ込んでいるわけなのでありますが、そういうことで是非、世界遺産登録実現に向かって微力ながら協力していきたいと思っております。

澤村　私が申しあげたいのは、世界遺産登録というのは地域づくりの観点で考えなければいけないのではないかということです。その時、地域づくりをする中でまず共有しなければならないのは、佐渡であれば佐渡の地域としてのアイデンティティーです。それは佐渡の皆さんが決めることなんです。佐渡のアイディンティティーは人情でもいいし、海産物でもいいし、何であろうとかまわないのです。ただ今回世界遺産登録を目指すということで、今日のシンポジウムでも他のパネラーの方々が強調なさっている、佐渡の文化的な宝物の積み重ね、有形、無形のものを含めたその積み重ね、文化的基層という言葉もありました。そういったものを佐渡の地域としてのアイディンティティーとして大事にする、育てていくような地域づくりがビジョンになっていくでしょう。地域資源を発掘、あるいは再発見、それを編集して世界に向けて発信することで観光客は来るであろうし、中には気に入って住む人も出てくるでしょう。文化面であれば、かつての鼓童さんのように文化的な活動をするために佐渡に定住して、そこから世界に向けて再発信していくような集団も呼び込める可能性があります。そういう意味でアイディンティティーはどうされますかというのが、私からの問いかけです。

●佐渡鉱山の価値

　司会　寺泊の方宜しいでしょうか。ありがとうございました。それでは次に移らせていただきたいと思います。次は3本目、佐渡の鉱山文化の価値付けの意見、今度は質問ではなくて、こういう価値もあるのではないのか、あるいは提言でも結構なのですけれども、価値についての付加、補足の意見、提言ということで、とくに会場の皆様に先ずお伺いしたいと思います。今日は別添のこちらを開いていただきますと様々な素材が載っております。そして今日のお話にもございました、これに載っていないものとして、例えば有形文化財のもので言えば鉱山でも使っていたような、明治時代以降の古い機械類あるいは古文書、設計図、形のない無形の文化財で言いますと、鉱山文化にかかる民謡、考証文芸、昔話的なものですが、それから鉱山技術を活用した棚田の開発とか海に臨んだ棚田、あるいは地名とか地図とか、このようなまだまだ沢山価値付けをするものがあるのではないかと思われますが、如何でしょうか。そしてもう1点とくに越後との往来交流にもなるような、逆に我々の越後に住んでいる人間が周りを見た場合に佐渡文化、鉱山文化につながるようなものはないだろうか、というふうなことで思い当たるようなことがあったらこれも併せてお願いできればと思います。具体的にいいますと、例えば佐渡につながる道ですが、それを地元では金山とか銀山街道とか呼び方は違うかもしれません。それから道しるべや石造物、その一行が泊まった宿、或いは民家の宿泊のお札、古文書、民謡、昔話こういうものが捜せば越後側にもたくさんあるのではないかと思われますが、如何でございましょうか。もしお気づきの点がございましたら是非お手をお挙げいただけませんか。これが力強い支援に

なると思われますので。

●ブランドとしての佐渡があってもよいのでは

　島津と申します。ちょっと辛い質問なり意見になると思いますが、私10年位前に旧相川町時代に多少関係したものですから、最近佐渡市に合併してから随分熱心になったなと思っています。ただ今回の世界遺産というのは非常に厳しいのじゃないかというふうに見ています。なぜかといいますと金属鉱山で世界遺産になっているのは5箇所あるいは6箇所あります。それが全部鉱山としてよりも鉱山都市として指定されています。

　たとえばさっきお話がありましたポトシの場合はポトシ市内という名前です。それからヨーロッパのほうでも鉱山都市と何々とか、何々鉱山と古都何々というようなことで、ほとんどそういう鉱山の歴史に伴った文化建造物が対象になっておるように思われるのです。そういう意味で佐渡で何があるかというとあんまりないのです。だから強いて言えば復元した奉行所と、それから明治の御陵局の役所とさっきの相川の鐘楼もあるかもしれません。そういうことを考えると非常に難しいのじゃないかなという感じがします。非常にさびしい意見なのですけれども、それで一つは10年位前に石見鉱山を世界遺産との運動が一生懸命に始まったころに、丁度その頃相川町だけだったのですから、なかなか他の支援が得られなかったというのと、その意識の問題もあると思うのですけれども、10年位の空白が出来てしまったのです。ですからその間に何かしておけばよかったのかという感じもいたします。漸く昨年、県のほうでも力を入れるようになったのですが、私はこれから10年位かかるのじゃないかなというふうに思っております。それともう一つは我々は新潟に住んでい

るのですが、私も佐渡には30年以上もいましたけれども、新潟の人はもっと佐渡を大事にしなければならないと思うのです。ただ新潟で何か誇れるような文化遺産があるかというとないでしょう。ところが全部佐渡のブランドで観光やいろんなことをやっているのです。だって汽車の名前だって「佐渡」とか「朱鷺」とかというような名前でしょう。県が作ったのは「朱鷺メッセ」でしょう。ですから佐渡の人はブランド税をとってもいいと思うのですよ。余計なことを言いましたが以上です。

●世界遺産へ登録されるためには

司会　いま島津先生がおっしゃっていただいたことは、これはもう誰しもが直面しなければならない大きな課題だとは思います。もしパネラーの先生にお伺いしてお話ししていただける方がいらっしゃったら、もしそうでなかったら、資料というかこの考え方、今回どうやって挙げようとしているのかという資料を作った行政の方に石見との関係も含めてと思うのですが、パネラーの先生如何でしょうか。

橋本　私は新しいほうの考古学をやっていないのですけれども、江戸考古学といいますか、近世考古学といいますか、昨年頃から地元では上相川の辺りの江戸時代の古い都市部分の発掘に入ってきたと聞いています。そして、結構残りがいいということを伺っているのです。それを先ず国史跡にしていったらどうかな、と思います。その実態解明といいますか、計画的な発掘調査をこれから推し進めていって、その鉱山都市といいますか、そういう残りの良さ等をアピールしたらどうでしょうか。今のところ佐渡で金銀山関係で国史跡になっている部分というのはないのでしょうか。

私は存じ上げていないのですが、そういうようなところの価値付けから始めていったらどうかなと思います。その辺は関係者がいらっしゃっているので具体的な話をそちらにちょっと振りたいと思います。

　澤村　世界遺産には登録基準がありまして、基本的に国あるいは地域で同一種類の遺産は１件しか登録できないのです。ですから、石見銀山が2007年度に世界遺産としてユネスコに正規に登録されれば、金銀山遺跡として佐渡を登録することは出来ません。今日お手元にある佐渡市教育委員会の資料でも分かるように、金山だけではなく佐渡全体の文化遺産で一つの文化遺産として登録しようという、これは戦術的にそうならざるを得ないでしょう。

　また、世界遺産条約が発効したのは1972年です。ところが日本の世界遺産登録は93年以降です。なぜ20年もの開きがあるのかというと、日本が条約を批准したのが遅かったせいもあるのですが、1970年代から80年代まで日本の木造文化の遺産は世界遺産にふさわしくないといわれていたのです。つまり西洋的な石でできていて、いつまでも遺るようなものこそ文化遺産であって、東洋の接木(つぎき)していくようなものは、本当に古いといえるのかどうかわからないという一種の偏見があったのです。それが90年代頃から、東洋のものは西洋とは別種の文化だから、それはそれで認めましょうということで、日本のものも世界遺産に登録されるようになってきたのです。

　つまり、世界遺産の定義や考え方も時代によって変わってきます。ですから５年10年経っていくうちに世界遺産の要件もだんだん変わってきます。そういった中で、佐渡のように中世末、あるいは近世以降の文化が重層的に重なっているよう

な遺産を、どう評価するかということも、恐らく変わってくる可能性があります。

司会 司会のほうから一言付け加えさせていただくと、有形のものだけではなくて、無形と有形のカップリングといいましょうか、こういう考え方も最近ユネスコのほうで始めましたので、そういう可能性も含めての戦略なのではないかと思うのです。会場の皆さんもお知りになりたいところもあると思いますし、実は先ほど質問用紙で紹介しなかったもので、石見というのが良くわからないのだけれども、というふうなご意見もあったのです。佐渡市の方、ちょっとご説明願えませんでしょうか。先ほどの島津先生のご意見を踏まえた形でお願いしとうございますが。

●これまでの石見の取り組み

佐渡市から来ました教育委員会の渡辺剛忠と申します。いま島津先生からお話しされたような佐渡市がどのように世界遺産を目指していったらいいかということにつきまして、去年国から全国で素晴らしい事案のあるものについては、一斉に登録をするから、応募してくださいということの説明を受けまして、その後9月、10月と検討してまいりました。それに付きまして今澤村先生がおっしゃった通りの推進の仕方をさせていただいて、国のほうからもいろいろご指導を頂きながら進めてきていたところでございます。

午前中も石見銀山との関連がございまして、同じものが2件世界遺産登録というのは一つの国からは難しいということがございます。先ほど澤村先生がお話しされた方向で進めさせていただいてこのパンフレットを作って、県と一緒に、あるいは手足となって作りまして、この1月23日に、その方向が世界遺産の暫定リストに載るかどうかと

いうことも検討がなされるというように聞いておるわけで、それを待っているところでございます。

　司会　内容的なことでちょっと会場の方も知りたい点があると思いますが、石見というところがどういうところでどういう形でやってきたのか、新潟県の県庁の方にお話をお願いしたいのですがよろしいでしょうか。

●佐渡と石見鉱山の違い

　小田副参事　新潟県文化行政課の小田と申します。去年から世界遺産を担当しております。石見銀山のことについてのことですけれども、佐渡よりも先に暫定リストに載っておりまして、非常に佐渡とよく似た鉱山なのです。石見銀山のほうはもう長いこと研究発掘調査等が行われておりまして、世界遺産としてのコンセプトというか、どういうものを世界遺産の要素にしていくかということも固まっております。そのなかで銀を採っていたということで、それはちょっと佐渡よりも先行する形で中世の末期から始まっているのですけれども、そういう銀鉱山が大きなものとして残っていると、坑道もたくさん遺っております。それと関係した鉱山街それと鉱山の積み出し港であります港や、その港町ですとか、その港町に至る街道そういうものが構成要素としてあがっております。佐渡と非常に良く似た構成要素を持っているのです。

　それで佐渡の方は石見との違いを出すために先ほど先生方からいろんなご紹介ありましたように、建造物ですとか、無形の文化ですとかそういうものを加えております。ただ石見と比べた場合佐渡の鉱山が持っております非常に優れた点というのは、それだけではなくて、石見は中世から近

世の初めにかけてごく短い間栄えてその後急速に衰退していきます。ですけれども、佐渡は田中先生のお話にもありましたように多少の浮き沈みはあるのですけれども、近世初頭の大盛りという栄えた時期から平成元年まで延々と続いたという歴史が重要だと思っています。

　そのなかでも技術的に変遷がずうっと追えるというのが佐渡の大きな特色です。金銀鉱脈というのは、上の方に出てくるという小林先生のお話にありましたが、その通りで一番最初は鉱山の一番上のほうで露天掘りというやり方で鉱山は稼いでおります。その後に坑道掘りという技術が入ってきて、ずうっと明治以降に縦掘りという方法に変わっていくというように技術の流れが追える点がが大きなものです。更に『今昔物語集』に佐渡の砂金採りの話が出てまいります。そちらは西三川という砂金採りの体験をしている施設があるのですけれども、どうもそちらのほうで平安時代に遡る頃から砂金採りが行われていたのではないかと思われます。そういうふうに古い時代から鉱山の歴史や技術が追えるという点が日本広しといえどももう佐渡にしか多分ないと、世界的に見てもかなり特徴のあるものだと思っています。

　それと鉱山に関係した町並みですが、黒野先生からご紹介のありました、相川の町並み、京町通りとか、大工町通りとか、観光コースからちょっと外れているので皆さんご覧になったことはないかも知れないのですけれども、先ほどご紹介がありましたように非常にいい形で鉱山町が遺っております。国の文化庁の調査官の方からはこういうふうな鉱山の都市がそのまま残っているところは日本中にはありませんというふうなお墨付きをいただいております。

　そういうことで石見と比べた場合に佐渡は決し

て引けをとらない、素晴らしい遺産を持っているところだと思っております。そういうことをベースにして提案書を作り上げました。今佐渡市と新潟県と一体となってこの運動を進めております。今日こういう形で新潟大学のほうからご支援をいただいてこういう会が持てたということが、そういう運動の糧になっていくと思います。今日お集まりになった方々、また応援をよろしくお願いしたいと思っております。

●地域活性化をするには

　司会　分かりやすく説明していただきましてありがとうございました。今の説明にありましたようにとにかく異種混合といいましょうか、石見その他のところよりもかなり大量な土地建物、構造物、文化的景観さらには形のないものという、こういう本当に多種多様なものをきちんと構成立てして提案するというふうなことでございます。それでは次に移りますが、この中でまた価値付けの付加として加えるようなものがありましたら、併せてお出しいただければと思います。

　四番目は今回の副題にもなっております、地域活性化に向けてということでございます。これについては今日のとくに澤村先生のお話と非常に強くつながっているものでございますが、これについてとくに今回は越後の方から佐渡の地域活性化、そしてこれは別物ではないということでございます。現実的に世界遺産になれば当然外部の方がたくさん来ると思いますが、その往来は当然ですけれども、新潟港或いは寺泊港、直江津港と空路も御座いますけれども、とにかく我々の住んでいる越後側も必ず人が行き来しますし、当然その往来には我々の越後側にも寄るわけでございます。それからそういう現実的なことだけでなくて

も過去のことも含めましても、だんだん予想以上に交流伝播ということが、今日の各先生の話にも見えてきているわけでございます。さてこれらを今生きている我々、そして将来につなげていくための素材としてどうしたらいいのかということを、あまり難しい形でなくても結構なのです。本当に実生活のほんのちょっとした素朴なご発想でも十分なので御座いますけれども、この辺を是非お出しいただければと思います。

例えばキーワードとして心の問題、ステータスというか、まず張り合いになるということ、それから地域の生活、教育、芸術、文化、産業、観光その他、こんなことをキーワードとしてとりあえず挙げさせていただきますが、これにはこだわりません。如何でしょうか。

◉地方出身者から見た佐渡

新潟市の青山というところに住んでいるのですけれども、1年半ほど前に神奈川県のほうから引っ越しして来ました。それですぐに訪れたのが佐渡です。非常に佐渡に興味を持っておりました。地域活性化につながるかどうか分からないのですけれども、全然佐渡を知らなくて、新潟もあまり知らなかったのですけれども、それが何で佐渡に行きたかったかということについて、今日のお話の学術的な話とは違う泥臭い、人間くさい話かもわかりませんが、ひとつは美空ひばりの『佐渡情話』というのがありました。この歌が流行った頃は佐渡というのはどういうところだろうと思いました。その歌が一番私が佐渡に気持ちがいった第1段階です。第2段階は、芥川賞をとった津村節子の小説の中に佐渡金山が栄えていた時に石工というのでしょうが、そういう人たちが全国から来て、そういう人たちは2、3年で体を駄目に

してしまうと、もう一つそういう男たちが集まってくるところには遊郭が出来ると、その人たちはその石工たちとお互い世の中を悲観して、その頃遊女と石工の心中事件が非常に多かったのだという話を読みました。それが無縁仏としてずうっとあるのだと、そして春になると草木が茂ってみんな隠れてしまうけれども、秋になるとその無縁仏がぽわっと見えてくるのだと書いてあったのです。私はそういうところを是非見てみたいと思って神奈川県からこっちに引っ越してきまして、すぐに佐渡に行きました。その遊郭を一生懸命に探したのですけれども、立て看板が一つあって古い写真がちょっとありましたが、佐渡の人から見ればあまりいい思い出ではないかもしれないが、他県の人間にはそれで佐渡に惹かれることもあるのだということです。関連して月潟の越後獅子もそうなのですが、エレジーに惹かれていきましたらほとんど資料がない、何でだと図書館で聞きましたら、むかしは月潟の人間にとっては角兵衛獅子は月潟の恥なんだというようなことがあるのだと、そういうように私のような感覚で佐渡に行ってみたいなという人間もいるということです。これから団塊の世代が３年間で700万人くらいいるということで、そのうちの何割かが佐渡に行ってみたいという人が少しでも増えればいいのではないかと思いますから、そういう人間史的な資料とかも復興させていただいて欲しいなと思います。佐渡は素晴らしいいいところだと思っております。

　横山と申します。橋本先生のエコミュージアム構想は大賛成でございますが、佐渡の文化遺産云々と言うときには、やはりそのケルンの一つは相川金銀山だと思います。そのとき相川金銀山の出発の時点、或いはそれよりちょっと前の時点の

佐渡を代表する考古遺跡というと、一つは青木城とか新穂城とか東日本としてはまさに稀な山形の東根市の長瀞城それと佐渡に残っているいわゆる村殿の城という、水濠に囲まれた館、他にないと思うのですが、そのへんのところまでも一つ貝塚遺跡、玉造遺跡というふうにサテライトの一つの中のサテライトに拾い上げておられますけれども、それよりもこちらからすうっと佐渡に行って最も視覚的にアトラクティブな遺跡として、相川金銀山が出発するその頃、或いはそれよりもちょっと前の新穂城、青木城その辺のところまで焦点を当てていただきたいというふうに考えています。どうぞそこのところまで想定をお広げ下さい。

司会　非常に具体的な名所や遺産を挙げていただきましてありがとうございました。せっかく盛り上がってきたところですが、会場の時間の関係でここでまとめを入れさせていただきたいと思います。

●論点整理

1点目としては、今日のこの企画の全体の総括論点を整理してみますと、4点あったのではないかなと思われます。

先ず1点目はその佐渡の鉱山文化の特質、特殊性と申しましょうか、石見や他にはないものをとくに田中先生のお話で改めて、確認することが出来ました。

2点目は、佐渡鉱山文化の基層文化といいましょうか、その元、前となるようなそういう自然、これは小林先生、それから文化の面からはこれは池田先生、黒野先生、橋本先生のお話にあったようなこういうものの基層の上に鉱山文化が成り立っている。或いは重なっているところもあると

いうことです。一番象徴的なものとしては小林先生が出されました、相川町の関という自然地形の上に資産の補助的な資産と想定されている棚田、鉱山技術を生かした棚田がその特殊な自然地形の上に乗っかってそれもそれで評価を受けることになっているという、こういうことが具体例として挙げられると思います。

　3点目としては鉱山文化の周辺、周囲にあるものを明らかにすることが出来た。これは具体的には人や物や技の移動と伝播、或いは一方的に動くだけではなくて、交流するということも確認することが出来ました。

　最後4点目としては、現実の地域社会との関わり、これを橋本先生のエコミュージアム或いは澤村先生のご講演の中で考えることが出来ました。とくにこの4点目の問題はまだまだこれから考えなければいけないことがあり、今日は先ず提示されたということで出発ではありますけれども、以上四つに集約されるのではないかと思います。

●シンポジウムのめざすところ

　そして今日の意義でありますが、冒頭にも申しあげましたように今まで佐渡は佐渡、越後は越後でそれぞれのこういう歴史文化或いは地域を考える催しがあったわけですけれども、お互いにもう一度考え直す今日は第一歩ではないかということです。とくに越後から佐渡をどう見るのかということ、特に世界遺産という近来稀に見る大きな動きの中でということは非常に意義のあることではないかと思いました。

　とくに今世の中はご存じのように道州制という新しい地域の区割りが見直されておりまして新潟県が一体どこになるのかという、どうするのかというのが今我々が大合併に続いて直面する事態の

わけですけれども、そういう時に越後と佐渡という今まで当たり前のように向き合ってきたわけですけれども、改めて過去はどうであったのか、これから改めて越後と佐渡は全国の中でどうしたらいいのかということにも極言するとつながっていくようなことではないのかなというふうなことでございました。

　最後でございますが、今後の課題でございます。これは今日の主催であります新潟大学さん、それから新潟県さん、佐渡市さんで、この世界遺産登録に向けての各種の催しがこれからなされていくと思いますが、課題は非常に多うございます。しかし明らかになってくるものも多々あります。是非今日ご参会のみなさまに最後に僭越ではございますがお願いでございますけれども、各種機会になるたけ多くご参加いただいたり、あるいはご意見をいただいて積極的な課題の提示も含めたご支援を賜れればと思います。

　ということで今日のシンポジウムは閉めさせていただきたいと思います。どうも不慣れな司会で大変ご迷惑をおかけいたしました。ありがとうございました。

　パネラーの先生方ありがとうございました。

　総合司会　それでは最後に閉会の挨拶を佐渡市の教育長渡辺剛忠様から伺いたいと思います。

●おわりに

　佐渡市教育長　ご紹介いただきました渡辺でございます。一言お礼を兼ねまして閉会のご挨拶をさせていただきます。

　本日のフォーラムに大勢の皆様方からお集まりいただきました。大変ありがとうございました。午前のご講演、それから午後の今ほどのシンポジウムを通しまして、これから佐渡の世界文化遺産

登録がどうあったらいいか、又新しい知見を勉強させていただきました。これから是非有効に活用させていただきたいと思っているところでございます。

　本日の企画をいただきました新潟大学の皆さんには心から感謝を申しあげます。また本事業は新潟県と一緒になって推進をさせていただいております。先ほどのコンセプト　パンフレットでございますが、佐渡市の担当が県からのご指導を受けながら作らせていただいたものでございます。

　いずれにしても、連綿と継承してきております佐渡の金銀山、その文化と歴史、更に外国の方々も称賛をいたします佐渡の素晴らしい自然、また佐渡を代表する景観でございます棚田、或いは今日のお話にありました町並みや民家など、そうしたものを含めまして、これから次の世代に伝えて行くことが私どもの大きな責務であろうと考えているところでございます。

　最後になりましたが、世界遺産登録事業が県、佐渡市の今後の発展に資するものでありますように祈念し、又国やユネスコを動かす大きな原動力となりますのが県民の皆様、市民の皆様の大きな支援、ご協力でございます。今後ともよろしくお願いしたいと思います。

　本日は大変ありがとうございました。

　総合司会　それでは閉会とさせていただきます。

あ と が き

　2006年末から2007年初めにかけて、国は世界遺産登録の候補地を地元地方公共団体に広く募り、国内暫定登録物件の選定に入った。新潟県では2006年度から世界遺産推進室を設けて県の職員を佐渡に派遣し、佐渡金銀山の世界遺産登録に取り組むこととなった。新潟大学では国立大学の法人化に伴い、社会連携・地域貢献ということで当旭町学術資料展示館などを窓口に日頃の研究成果の地域社会への還元に努めている。このフォーラムの企画もその趣旨に添ったものである。この短期間のうちにそれを成功させることは無理ではないかと周囲からは慎重意見もあったが、フォーラムを企画・主催したものとしては、使命感を感じつつ、ただひたすら突き進んでしまった。

　基調講演をいただいた田中圭一先生には面識も無い中、礼を失した電話でのご依頼にもかかわらず、郷里のお役に立つことがあればということで、二つ返事で事をお引き受け下さった。また、パネラーの小林巖雄新潟大学名誉教授をはじめ同僚の教員仲間、総合司会を務めていただいた飯島康夫先生や川上真紀子さん、シンポジウム司会の竹田和夫さんにも正月明け、新年早々の初仕事に駆り出してしまった。展示館ボランティアの友の会の方々、大学関係職員、学生、そして共催いただいた新潟日報社や新潟県、佐渡市などの行政、文化財保存新潟県協議会、後援いただいた各社にもこの場をお借りして御礼申し上げたい。

　お陰様で、当日は予想を超える約400名の方々の参加を得、会場はほぼ満席となった。フォーラム最後の会場からの質問も途切れることがなく、多くのアンケートの文面からも参加者の「佐渡を世界遺産にしたい！」という熱意がひしひしと感じとれた。

　結果、残念ながら2007年度の国内暫定リスト入りの選には漏れたが、関係者の結束が生まれた。これからも、佐渡の世界遺産登録の実現には多くの難問が立ちはだかっているが、いつまでも希望をもって取り組んでいきたいものである。わが新潟大学旭町学術資料展示館でも新年度新潟駅南キャンパスのCLLICを活用して、先のアンケート結果に応えるべく、講師の方々のご協力のもと『佐渡の魅力』を発信し続けている。

　本書は展示館友の会の渡辺知夫さんの献身的なテープ起こしを下地にしたものである。中にはそれをもとに全面的に改稿したものもあるが、忠実に手直ししたものが多い。参考までに当日配布した資料やレジュメを付した。一部発言内容と重複し

ているものもあるが、ご海容願いたい。図版の入手において、佐渡市教育委員会 北見継仁さんの手を煩わせた。本書は、当日都合で参加できなかった方々に、その内容を伝え、一人でも多くの賛同者を得たいという願いから、多くの方々の協力のもと出来上がったものである。

　なお、本書が刊行されるに当たっては、佐渡市世界遺産推進室からの援助があったことを銘記したい。関係者の方々に厚く御礼申し上げる次第である。

　また、出版をご快諾いただいた新潟日報事業社の徳永健一社長や編集をご担当いただいた考古堂書店の角谷輝彦さん、佐々木克さんには年度末、年度初めの多忙な時期に編集作業を遅滞させてしまい、深くお詫びしたい。

　本書が佐渡の世界遺産登録運動の盛り上げに多少なりとも寄与することがあれば、望外の幸せである。

2007年3月

　　　　　　　　　　　　　　　　　　　　　新潟大学旭町学術資料展示館

　　　　　　　　　　　　　　　　　　　　　　　　　　橋本　博文

〔執筆者〕
田中　圭一　（元筑波大学教授）
小林　巖雄　（新潟大学　名誉教授）
池田　哲夫　（新潟大学　教授）
黒野　弘靖　（新潟大学　准教授）
橋本　博文　（新潟大学　教授）
澤村　　明　（新潟大学　准教授）

佐渡を世界遺産に

2007(平成19)年6月11日　発行

監　修　　橋本　博文
編　集　　考古堂書店
発　行　　佐渡市教育委員会／新潟日報事業社
発　売　　新潟日報事業社
　　　　　〒951-8131　新潟市中央区白山浦2-645-54
　　　　　TEL 025-233-2100　　FAX 025-230-1833

ISBN978-4-86132-220-4

裏見返しの地図の作成にあたっては、国土地理院長の承認を得て、同院発行の5万分1地形図を使用したものである。
（承認番号）平17北使、第11号